1 fr. 25 le volum

ŒUVRES COMPLÈTES D'HECTOR MALOT

# SUZANNE

— SOUVENIRS D'UN BLESSÉ —

PARIS

LIBRAIRIE MARPON & FLAMMARION
E. FLAMMARION, SUCC[r]
26, RUE RACINE, PRÈS L'ODÉON

PARIS. — IMP. C. MARPON ET E. FLAMMARION, RUE RACINE, 26.

SOUVENIRS D'UN BLESSÉ

# SUZANNE

## OUVRAGES DE HECTOR MALOT

### COLLECTION GRAND IN-18 JÉSUS

LES VICTIMES D'AMOUR : LES AMANTS, LES ÉPOUX, LES ENFANTS........ 3 vol.
LES AMOURS DE JACQUES........ 1 —
ROMAIN KALBRIS........ 1 —
UN BEAU-FRÈRE........ 1 —
MADAME OBERNIN........ 1 —
UNE BONNE AFFAIRE........ 1 —
UN CURÉ DE PROVINCE........ 1 —
UN MIRACLE........ 1 —
SOUVENIRS D'UN BLESSÉ. — SUZANNE........ 1 —
— — MISS CLIFTON........ 1 —
LA BELLE MADAME DONIS........ 1 —
CLOTILDE MARTORY........ 1 —
UNE BELLE-MÈRE........ 1 —
LE MARI DE CHARLOTTE........ 1 —
L'HÉRITAGE D'ARTHUR........ 1 —
L'AUBERGE DU MONDE : LE COLONEL CHAMBERLAIN, LA
— — MARQUISE DE LUCILLIÈRE........ 1 —
— — IDA ET CARMELITA, THÉRÈSE. 1 —
MADAME PRÉTAVOINE........ 2 —
CARA........ 1 —
SANS FAMILLE........ 2 —
LE DOCTEUR CLAUDE........ 1 —
LA BOHÊME TAPAGEUSE........ 2 —
UNE FEMME D'ARGENT........ 1 —
POMPON........ 1 —
SÉDUCTION........ 1 —
LES MILLIONS HONTEUX........ 1 —
LA PETITE SŒUR........ 2 —
PAULETTE........ 1 —
LES BESOIGNEUX........ 2 —
MARICHETTE........ 2 —
MICHELINE........ 1 —
LE SANG BLEU........ 1 —
LE LIEUTENANT BONNET........ 1 —
BACCARA........ 1 —
ZYTE........ 1 —
VICES FRANÇAIS........ 1 —
GHISLAINE........ 1 —
CONSCIENCE........ 1 —
JUSTICE........ 1 —
MARIAGE RICHE........ 1 —
MONDAINE........ 1 —
MÈRE........ 1 —
ANIE........ 1 —

### Mme HECTOR MALOT

FOLIE D'AMOUR........ 1 —

ÉMILE COLIN. — IMPRIMERIE DE LAGNY.

SOUVENIRS D'UN BLESSÉ

# SUZANNE

PAR

HECTOR MALOT

PARIS

LIBRAIRIE MARPON ET FLAMMARION

E. FLAMMARION, SUCC[r]

26, RUE RACINE, PRÈS L'ODÉON

# AVERTISSEMENT

*M. Hector Malot qui a fait paraître, le 20 mai 1859, son premier roman* « LES AMANTS », *va donner en octobre prochain son soixantième volume* « COMPLICES » ; *le moment est donc venu de réunir cette œuvre considérable en une collection complète, qui par son format, les soins de son tirage, le choix de son papier, puisse prendre place dans une bibliothèque, et par son prix modique soit accessible à toutes les bourses, même les petites.*

*Pendant cette période de plus de trente années, Hector Malot a touché à toutes les questions de son temps ; sans se limiter à l'avance dans un certain nombre de sujets ou de tableaux qui l'auraient borné, il a promené le miroir du romancier sur tout ce qui mérite d'être étudié, allant des petits aux grands, des heureux aux misérables, de Paris à la Province, de la France à l'Étranger, traversant tous les mondes, celui de la politique, du clergé, de l'armée, de la magistrature, de l'art, de la science, de l'industrie, méritant que le poète Théodore de Banville écrivît de lui « que ceux qui voudraient reconstituer l'histoire intime de notre époque devraient l'étudier dans son œuvre ».*

*Il nous a paru utile que cette œuvre étendue, qui va du plus dramatique au plus aimable, tantôt douce ou tendre, tantôt passionnée ou justiciaire, mais toujours forte, toujours sincère, soit expliquée, et qu'il lui soit même ajouté une clé quand il en est besoin. C'est pourquoi nous avons demandé à l'auteur d'écrire sur chaque roman une notice que nous placerons à la fin du volume. Quand il ne prendra pas la parole lui-même, nous remplacerons cette notice par un article critique sur le roman publié au moment où il a paru, et qui nous paraîtra caractériser le mieux le livre ou l'auteur.*

*Jusqu'à l'achèvement de cette collection, un volume sera mis en vente tous les mois.*

*L'éditeur,*

*E. F.*

SOUVENIRS D'UN BLESSÉ

# SUZANNE

*L'histoire que je veux raconter, — la mienne, — n'embrasse pas un laps de temps bien long; elle commence en juillet* 1870 *pour se terminer en juillet* 1871, *c'est-à-dire qu'elle se passe pendant cette période funeste où la France et la Prusse ont été en guerre. S'il était encore convenable de parler latin, j'écrirais en tête de ce récit :* « Et quorum pars magna fui; » *mais puisque la mode des citations est finie, je veux avertir mon lecteur qu'il ne trouvera ici que les aventures d'un soldat inconnu. J'ai assisté à plusieurs batailles, mais comme je ne les ai pas vues, je ne les expliquerai pas; j'ai chevauché pendant plusieurs jours à la suite de*

*Napoléon III, mais comme je n'ai point été appelé dans ses conseils, je ne sais ni ce qu'il voulait ni ce qu'il pensait, si tant est que ce sphinx providentiel devenu vieux voulût et pensât quelque chose. Nos ministres de la défense nationale ont plus d'une fois empli mon oreille du bruit de leur parole, mais ils ne m'ont pas initié à leur plan, si toutefois ils en avaient un. J'ai vu le comte de Bismarck, mais je n'ai point surpris ses projets. Mon histoire n'est donc pas de l'histoire, et je n'ai d'autre prétention que celle du pigeon :*

> *Je dirai : J'étais là, telle chose m'avint .*
> *Vous y croirez être vous-même.*

*Par malheur pour vous, je ne suis pas écrivain, mais nous venons de voir tant de généraux se faire journalistes et tant de journalistes se faire généraux, que leur audace me gagne; seulement, si j'ose prendre la plume après mes chefs, je leur laisse le plumet : les grandes phrases, comme les grands panaches, ont fait leur temps.*

# I

Mon nom est Goscelin, ou plus justement pour être exact, Louis Goscelin d'Arondel, car s'il faut en croire la tradition, je descends des Goscelin d'Arondel qui accompagnaient Guillaume le Bâtard dans la conquête de l'Angleterre, et qui ont encore aujourd'hui des représentants à la Chambre des lords.

Malgré cette noble origine, mon père consentit à donner son nom à une bourgeoise, fille d'un simple fabricant de papiers à Courtigis, sur les bords de l'Eure; il est vrai que la bourgeoise était riche, tandis que le gentilhomme était pauvre.

Lorsque ce mariage se fit, mon père revenait d'Algérie où il avait difficilement conquis le grade de capitaine aux chasseurs d'Afrique, et il avait pour tout patrimoine son grade, sa croix et son nom. Naturellement on voulut empêcher ma mère de faire ce qu'on appelait une sottise : épouser un gentilhomme ruiné, un militaire, un homme sans position, sans avenir, qui n'avait pour lui qu'une élégante tournure et un esprit distingué, ce fut un concert d'observations charitables et d'avertissements effrayants dans le monde bourgeois. A ceux de ses amis qui la prévinrent que mon père n'avait que des dettes, ma mère répondit qu'elle était assez riche pour deux. A ceux qui l'avertirent que le climat d'Afrique avait ruiné sa santé, elle répliqua qu'elle serait heureuse de le soigner. A ceux enfin qui insinuèrent délicatement que le capitaine d'Arondel avait eu des aventures de Don Juan, elle fit comprendre qu'elle désirerait n'être point éclairée sur ce sujet, dont elle n'avait ni souci ni crainte, car, au cas où ces aventures seraient vraies, elle se croyait assez de tendresse dans le cœur, assez d'indulgence dans le caractère pour retenir ce séducteur et le fixer près d'elle.

En présence d'une obstination aussi malheureuse, les observations cessèrent, et il fut généralement accepté que les Dallery, qui, jusqu'alors, avaient eu la réputation d'honnêtes gens, simples et pratiques, étaient des vaniteux que l'ambition affolait.

Et cependant jamais accusation ne fut plus injuste, car ma mère était la femme la moins ambitieuse qui fût au monde, et les raisons qui la décidèrent en faveur de mon père prirent leurs causes dans des sentiments absolument opposés à la vanité.

La tradition littéraire a représenté la haute bourgeoisie du règne de Louis-Philippe comme mesquine et niaise, n'ayant d'intelligence que pour gagner de l'argent, de caractère que pour s'enfermer étroitement dans son égoïsme. Je ne sais ce qu'il y a de vrai dans ce tableau, mais il est certain que mon grand-père, le « père Dallery, » comme on disait dans le commerce parisien, ne ressemblait en rien aux bourgeois de ce modèle. Bien qu'il eût été le seul ouvrier de sa fortune gagnée lentement d'abord et toujours laborieusement, il ne considérait pas l'argent comme le seul dieu qu'on dût adorer; il avait fondé de ses deniers, à Courtigis, une école, un hospice, et quand sa fille avait commencé à grandir, il avait pris l'habitude de lui répéter comme une leçon : « Si je pensais que l'argent que je gagne ne doit servir qu'à attirer d'autre argent, je fermerais la fabrique ; ne te laisse donc pas guider par la fortune dans le choix de ton mari. » Ces paroles et cet enseignement avaient développé chez ma mère d'autres idées que celles qu'on attribue aux bourgeoises riches, et elle s'était fait un idéal de mariage qui, mieux que toutes les explications, montre en quelques mots ce qu'était son cœur.

— Puisque je suis riche, se dit-elle, il faut que ma fortune serve aux autres, et je n'épouserai qu'un inventeur, un travailleur, un artiste auquel l'argent seul manquera pour réaliser ses idées.

Combien de fois nous a-t-elle raconté en souriant tristement les difficultés de ce projet romanesque ! Si la recherche d'une dot est une grosse affaire; il paraît que celle d'un caractère en est une plus grosse encore. Et puis il y avait les embarras de mon grand-père qui ne pouvait se faire comprendre lorsqu'il refusait la main de sa fille aux prétendants n'ayant d'autres titres à faire valoir que leur fortune ou leur position : il était gai, mon grand-père, fin, railleur, il faisait de ces histoires de mariages manqués, de véritables comédies pleines de rire et de bon sens; l'intrigue était pauvre, mais combien les types étaient réjouissants !

Mais je ne veux pas m'attarder dans ces détails ;

bien que ce que j'aurais de mieux à faire probablement pour mettre un peu d'intérêt et de tendresse dans ce récit fût de parler de ma mère, je passe, puisque ce n'est pas là mon sujet. Ce que je veux dire seulement au moment où son nom se trouve sous ma plume, c'est que si j'ai pu me dégager du monde étrange au milieu duquel j'ai vécu durant quelques années, c'est à son souvenir que je l'ai dû. Quoi qu'on fasse et quoi qu'on devienne, si l'on a été élevé par une mère femme de tête et de cœur, il arrive toujours une heure où l'on s'en souvient, et alors cette heure-là suffit souvent pour éclairer notre route.

L'inventeur ou l'artiste ne s'étant pas présentés de manière à rendre leur succès possible, ce fut mon père qui prit leur place ; mais la fatalité ne permit pas que ce mariage, dont les premières années furent pleinement heureuses, eût une longue durée.

Mon père avait donné sa démission et s'était établi à Courtigis ; tandis que mon grand-père continuait à diriger les papeteries, il s'appliquait à acquérir les connaissances pratiques qui lui avaient jusque-là manqué. Pour cela il visitait les fermes des environs, les établissements industriels ; il assistait aux congrès et aux comices ; il inspectait les écoles; il tâchait d'être utile, en un mot, à lui-même ainsi qu'à ceux qui l'entouraient. Déjà la considération lui venait et dans le pays on pensait à lui ouvrir la vie politique. Mais de son éducation militaire et de son existence toujours active, il avait gardé l'habitude et le besoin des fatigues corporelles; il montait à cheval, et tout le temps qu'il avait de libre il le donnait à la chasse. Un soir on le rapporta à la maison tué par l'un de ses compagnons qui, dans une battue, l'avait frappé d'une balle.

J'avais alors quatre ans et c'est le premier souvenir qui me soit resté, souvenir terrible, qui a toujours flotté dans ma mémoire comme le voile de deuil qui rappelle à la veuve qu'entre elle et le monde il y a un mort.

On avait déjà annoncé deux fois que le dîner était servi, mais nous ne nous étions pas mis à table, attendant mon père. Un domestique vint dire à mon grand-père qu'on avait besoin de lui. Il rentra bientôt et sa figure était si bouleversée, que ma mère en reçut le coup de son malheur. — Oui, dit mon grand-père répondant à son cri, il a été blessé..., c'est grave. — Il est tué ! s'écria ma mère.

Ma mère, qui avait le respect de l'enfance, ne me parla jamais de cette mort. Mais j'avais une bonne Allemande, qui n'observa pas la même réserve.

Elle était à mon service spécialement pour m'apprendre l'allemand, mais comme elle était fervente catholique, elle m'apprenait aussi des prières qu'elle croyait d'autant plus utiles à mon éducation, que ma mère et mon grand-père, fort peu dévots de cœur ou d'habitude, me laissaient dans une complète ignorance des choses de la religion. Elle jugea convenable de me tirer de cette ignorance coupable, et ce fut elle qui m'apprit ce que c'était que la mort: « Je ne verrais plus mon père, il était enterré dans un trou comme Brillante, une chienne que j'avais perdue, et même il était probablement en train de brûler dans l'enfer, un horrible endroit, plein de crapauds et de diables noirs, d'où je ne pourrais le tirer qu'en disant bien mes prières allemandes. » — Quand je lui demandais pourquoi mon père était en enfer avec les méchants, lui qui était si bon, elle me répondait que c'était parce qu'il n'avait jamais voulu aller à la messe.

Je ne sais trop ce que je serais devenu avec ces intelligentes leçons, car ma mère les interrompit avant leur fructification. Peu de temps après la mort de mon père, je perdis encore mon grand-père, et ma mère trouvant de lourdes affaires que la Révolution de 1848 avait embarrassées, dut en prendre la direction pour ne pas procéder à une liquidation immédiate qui lui aurait été très-onéreuse. Comme elle était vaillante et pleine d'activité, cela ne l'effraya pas trop, mais elle fut obligée cependant de ne plus s'occuper de moi comme au temps où elle était pleinement libre, et elle me donna, quoique bien jeune encore, un précepteur qui neutralisa les leçons de ma bonne.

Ce qui détermina ma mère dans le choix de ce protecteur fut une raison qui eût peut-être éloigné une femme d'un esprit moins ferme et d'un jugement moins sain. M. Chaufour, professeur au collége de Blois, avait donné sa démission après le coup d'État, ne voulant pas prêter serment; elle pensa que pour m'élever dans les idées de justice et de droiture qui étaient les siennes, elle ne pouvait mieux choisir que l'honnête homme qui à cinquante ans, sans un sou de fortune, n'avait pas hésité à sacrifier à sa conscience une position laborieusement acquise. Le malheur est que j'ai peu profité de l'éducation que cet excellent homme s'est efforcé de me donner, car si j'avais suivi ses principes, j'aurais très-probablement échappé à la vie que je me suis créée, et ayant vécu paisiblement sous mon toit, n'ayant rien vu, je n'aurais rien à raconter, à moins de faire l'histoire de mon éducation elle-même. Quel portrait plein de bonhomie dans le caractère, de solidité dans le jugement, d'élévation dans l'esprit, de générosité dans les idées, je pourrais tracer du « petit père Chaufour » ! et aussi quelles drôles de caricatures alors que me donnant une leçon de géographie politique, il se laissait aller à dessiner la carte de l'univers « suivant les lois de l'humanité. » Il avait en effet inventé une géographie idéale, et chaque fois qu'une question politique se présentait en Russie, en Turquie, en Italie, bien vite il remaniait la carte de l'Europe, et en belles teintes plates roses, bleues et vertes, il fixait définitivement les limites des États, « de manière à concilier les intérêts matériels et moraux de chaque peuple, aussi bien que la paix du monde.»

Jusqu'à vingt ans, guidé par M. Chaufour, je n'eus qu'à suivre la route de tout le monde. Mais lorsque j'eus terminé mes classes à Bonaparte, une difficulté se présenta dans ma vie jusqu'alors si facile. Que faire ? quelle carrière prendre ?

A vrai dire, cette difficulté n'existait pas pour moi. A quoi bon telle ou telle carrière ! Pourquoi en choisir une, celle-ci ou celle-là ? Celles qui ne m'étaient pas antipathiques m'étaient indifférentes. Je savais que je serais maître un jour d'une belle fortune, pourquoi m'imposer les ennuis et les fatigues d'un métier ? Était-il possible que moi,

Louis Goscelin d'Arondel, je prisse la maison de commerce de mon grand-père ! mettre mon nom sur des factures, qu'auraient dit mes aïeux? Entrer à l'École polytechnique, je n'aurais osé ; à Saint-Cyr, je n'aurais daigné. D'ailleurs, ma mère avait une telle horreur de la vie militaire que je n'aurais pas voulu lui faire le chagrin de me voir soldat. Il restait encore les fonctions du gouvernement, le Conseil d'État, les sous-préfectures, le ministère des affaires étrangères. Mais ce n'est pas impunément qu'on vit en contact journalier avec un précepteur honnête homme et républicain. A cette école, j'avais appris le mépris de l'empire ; je me serais déshonoré à mes propres yeux en devenant un de ses fonctionnaires actifs.

Si les papeteries eussent été en prospérité, ma mère avec son solide bon sens m'en eût peut-être imposé la direction ; mais comme elle s'était contentée de les faire marcher tant bien que mal sans essayer de lutter contre la concurrence, elle ne voulut pas me charger, à mon entrée dans la vie, d'une affaire qui se soutenait difficilement. Après bien des conseils tenus, bien des avis donnés et discutés, on s'arrêta donc à une solution qui n'en était véritablement pas une : on attendrait, et en attendant je ferais mon droit.

Qu'un garçon de vingt ans, livré à lui-même, travaille lorsqu'il sait que chaque effort qu'il fait le rapproche d'un but déterminé, cela est tout naturel et se comprend facilement; mais lorsque ce but manque, lorsqu'on doit travailler pour travailler, pour rien autre chose que pour le plaisir, et que ce plaisir se trouve tout au fond du *Digeste* et du Code civil, cela est bien différent, et ceux qui se plient volontiers à cette règle sont, je crois, assez rares.

En tout cas, je ne fus pas de ceux-là. Ma mère, en m'établissant à Paris, avait voulu laisser près de moi « le petit père Chaufour; » mais bien que le bonhomme fût, en réalité, fort peu gênant, je n'en voulus point; j'avais soif d'une liberté complète: Et après avoir longuement protesté contre l'injure qu'on me faisait en m'imposant un surveillant, je finis par convaincre ma mère que je devais m'habituer à me conduire moi-même et à user de ma responsabilité: on n'est homme que par le libre-bre-arbitre.

Pendant que M. Chaufour restait à Courtigis, où il se fixait, je m'installais dans un appartement de la rue Auber, avec le confortable d'un garçon qui peut se passer toutes ses fantaisies. C'était, il est vrai, un peu loin de l'Ecole de droit, mais les étudiants de mon espèce n'étaient pas faits pour le quartier latin.

Étudiant, je le fus bien peu, et seulement par la grâce de ma première inscription, car je n'allai pas au cours plus de quatre ou cinq fois. Tous les soirs, il est vrai, je recommandais à mon valet de chambre de m'éveiller le lendemain matin, mais s'éveiller et se lever sont loin l'un de l'autre, surtout lorsque se rendormir se trouve entre les deux.

J'avais fait, au collége Bonaparte, connaissance avec quelques jeunes gens qui, comme moi, n'avaient d'autre but dans la vie que de continuer leurs parents. Riches, inoccupés de corps comme d'esprit, nous nous liâmes, et nous mîmes en commun nos relations; bientôt je fus lancé en plein dans le *high life* parisien.

En moins de deux années, je m'y fis un nom, je ne dis pas célèbre, mais au moins connu. Qu'on ouvre un journal de sport de cette époque, qu'on mette la main sur un vieux programme de courses, on me trouvera parmi les gentlemen qui s'illustraient à la Marche, à Porchefontaine, à Chantilly ; qu'on interroge la petite Chose des Folies, la grosse Machin des Bouffes, et bien que de terribles événements se soient passés depuis ce temps-là, elles se souviendront de moi, car les meilleures mémoires sont, comme chacun le sait, celles qui s'exercent le plus, et celles de ces dames ont beaucoup travaillé.

Quelle existence que celle de ce monde pendant les dernières années de cette époque prospère qu'on appelle le second empire, et comme elle était faite pour former les caractères, élever les esprits et enrichir le cœur ! Cependant combien souvent j'ai vu de jeunes commis de magasin ou de clercs de notaires me regarder avec envie lorsque le dimanche je montais les Champs-Elysées dans mon phaéton, au grand trot de mes pur-sang, pour me rendre à Longchamp, ma carte de pesage voltigeant à une boutonnière ; ou bien encore lorsqu'un soir de première représentation, j'entrais dans une avant-scène des Variétés ou des Folies pour honorer de ma présence et de mes applaudissements les trois mots dits à faux par la petite Chose ou la grosse Machin ! mon gilet en cœur et la fraîcheur de mon gardenia tiraient les regards ; on se parlait à l'oreille, et j'étais une curiosité.

Comme ces pages peuvent tomber sous les yeux de ceux qu'alors j'ai éblouis, je veux leur dire ce qu'était la journée de ce mortel fortuné qu'ils enviaient.

Seulement je ne sais trop par où commencer, le

soir ou le matin. Pour me conformer à l'usage, je commence par le matin, bien qu'en réalité ma journée ne s'ouvrît guère qu'à l'heure où le soleil disparaît. Levé entre midi et deux heures, selon la fatigue de la veille, je déjeunais, puis ensuite je faisais une courte visite à celle de ces dames qui m'intéressait pour le moment. Pour ce que nous avions à nous dire, il fallait peu de temps : *veni, vidi, vici ;* le sentiment seul se perd dans les bavardages, et c'est pour cela que les honnêtes femmes, qui ont une faiblesse, regardent comme fabuleuses les histoires qu'on leur raconte sur le monde des drôlesses : « Où trouveraient-elles du temps pour tout cela ? » se demandent-elles naïvement. Libre de ce côté, je m'en allais aux Champs-Elysées où je me faisais donner les jeunes chevaux difficiles qui venaient d'arriver ; car c'est un préjugé de croire qu'on monte un cheval de course comme un poney ; il faut pour le tenir des bras solides, et ces bras ne s'acquièrent que par un travail régulier. Pendant plusieurs années, je n'ai jamais manqué ce travail, et c'est à lui que je dois mes succès sur le turf ; en même temps, je lui dois aussi ma bonne santé que rien n'a pu déranger. C'était après dîner que ma vraie journée commençait, si j'allais au théâtre vers minuit, sinon vers dix heures. Alors jusqu'à cinq heures, six heures, sept heures du matin, je restais assis devant le tapis d'une table de jeu, et si j'en étais encore au temps de ma gloriole, je dirais que je restais là sans jamais me lever et sans jamais avoir besoin de demander ces ustensiles que dans les cercles les mieux tenus on présente sérieusement aux joueurs qui ne veulent pas quitter la place. Les dimanches seulement ce programme subissait une modification : ces jours-là, pour aller aux courses, je me levais à onze heures, de là l'air si profondément endormi que je portais au *ring*.

Pendant cinq années, je menai cette vie régulière, qui est beaucoup plus absorbante qu'on ne pourrait le croire. Qu'on me demande ce qui, pendant ces cinq ans, s'est passé dans les sciences, les lettres et les arts, la politique, je n'en dirai pas un mot ; tout ce que je sais, c'est à quelle saison Altaras a fait sauter la banque d'Allemagne, combien le prince Lemenof a perdu, et combien de fois Blanc-de-Perles a vendu son mobilier.

Enfin, au bout de ces cinq ans, il fallut s'arrêter. Au mois de mai 1869, après un hiver où j'avais été horriblement malheureux, j'espérai me rattraper en me mettant sur l'écurie Lagrange, et ce fut l'écurie Schickler qui gagna.

J'allai trouver ma mère.

— Il faut payer, me dit-elle sans un mot de reproches ; seulement, mon cher enfant, je crois que tu devrais t'arrêter ; en cinq ans tu as dépensé près d'un million, il ne nous reste que notre maison de la rue de Rivoli qui rapporte 40,000 francs et les usines de Courtigis : que veux-tu ?

Je déclarai que je voulais quitter Paris et entrer dans les haras. A ce mot, ma mère se récria. Mais je n'étais propre à rien ; la seule science que je connusse, si science il y a, était celle du cheval ; je voulais ne m'employer qu'à ce que je connaissais. Quelle chute pour ce fils qu'elle avait tant aimé et caressé de tant d'espérance ?

Nous fîmes agir nos amis, et deux mois après j'entrais dans l'administration des haras, en résidence à Tarbes.

En arrivant dans cette ville, je trouvai mon prédécesseur en proie à la fièvre du départ.

— Si vous comptez vous amuser dans cette noble cité, me dit-il, il faudra en rabattre, Tarbes n'est pas gai ; cependant, si vous êtes de complexion sentimentale et amoureuse, vous pourrez passer encore quelques bonnes soirées dans la maison Bordenave.

## II

Qu'était la maison Bordenave?

Ce fut la première question que j'examinai lorsque j'eus pris pied dans la ville. Sans avoir tout à fait la complexion dont avait parlé mon prédécesseur, j'avais un certain empressement à connaître cette maison où l'on s'amusait. Pour un Parisien qui a mené la vie à grandes guides, une arrivée à Tarbes n'est guère rassurante. J'étais décidé à ne plus faire de folies, mais je n'étais pas résigné à m'ennuyer en expiation de mes fautes, et je ne trouvais pas que contempler de mes fenêtres les cimes bleuâtres ou neigeuses des Pyrénées fut une récréation suffisante.

Ce qu'on appelait la maison Bordenave était une famille composée de trois personnes : madame Bordenave mère et mesdemoiselles Suzanne et Laurence Bordenave. Madame Bordenave étant d'un âge qui lui permettait d'avoir une fille de vingt-deux ans et une autre de vingt ans, je m'en occupai peu et fus satisfait sur son compte quand je sus qu'elle appartenait à la meilleure bourgeoisie de la ville, qu'elle avait une assez belle fortune, et que son salon, libéralement ouvert à tous les fonctionnaires jeunes, était le seul où l'on pût aller tous les soirs après dîner. Elle aimait à recevoir, tout au moins à voir du monde autour d'elle, et grâce à ses filles, elle se trouvait encore dans un milieu jeune et bruyant, comme au temps où sa beauté lui attirait une cour. En province, de pareilles maisons sont rares, mais madame Bordenave avait la prétention de n'être point provinciale; elle venait tous les ans passer un mois à Paris au moment du grand prix ; elle faisait une saison à Biarritz en septembre, et durant l'hiver elle allait tantôt à Pau, tantôt à Nice pour une quinzaine de jours. Si elle habitait Tarbes, c'était seulement pour surveiller ses propriétés.

Avec les filles ma curiosité fut naturellement moins facile à contenter. La première fois que je les rencontrai ce fut au jardin Massey, cette délicieuse promenade qu'arrosent les eaux dérivées de l'Adour. Elles étaient l'une et l'autre assises sous un massif de grands magnolias, et en passant plusieurs fois devant elles, je pus les étudier à loisir : toutes deux jolies, elles avaient un caractère de beauté tout à fait différent; l'aînée, brune, svelte de taille avec quelque chose de résolu et de dur dans la physionomie; la cadette, au contraire, blonde et grasse avec un charmant sourire un peu triste et des yeux d'une douceur pénétrante. Ce fut plus tard que je sus la cause de cette tristesse qui était réelle : alors qu'elle était enfant, une bonne maladroite lui avait démis la jambe et elle était resté boiteuse; de là, pour elle, une sorte de honte en public : aussi s'effaçait-elle le plus qu'il lui était possible et laissait-elle la première place à sa grande sœur; c'était elle qui toujours au piano faisait danser dans les soirées intimes; c'était elle aussi qui surveillait la machine domestique, tandis que la belle Suzanne ne s'occupait que de sa toilette; pour tout dire en un mot une Cendrillon, moins « les méchants habits. »

Je me fis présenter, et je fus accueilli comme si je portais avec moi un reflet brillant du monde dans lequel j'avais vécu; on connaissait mon nom, et mademoiselle Suzanne se rappelait m'avoir vu courir à Longchamps : casaque blanche, manches bleues, toque jaune ; sous ces couleurs tricolores, je ne lui avais pas paru ridicule. Au contraire, à ses yeux j'étais une sorte de personnage célèbre ; chaque semaine, les journaux de sport avaient parlé de mes exploits ou de mes « déplacements, » et les journaux à indiscrétions parisiennes avaient raconté mes aventures avec les drôlesses connues. Pour une jeune fille qui vivait dans la religion de la mode, j'étais quelqu'un, et c'était une bonne fortune pour son salon que de me recevoir. On fut pour moi plein d'attention, et, trois jours après mon entrée dans la maison, Suzanne m'appela un soir dans un coin et me mit dans les mains un album de portraits des actrices de Paris : j'y trouvai à la première page Blanc-de-Perles ; à la seconde Flora, des Bouffes ; à la troisième Raphaële, des Variétés. Elles étaient rangées dans l'ordre où elles avaient été mes maîtresses.

— Vous voyez qu'on vous connaît, me dit Suzanne en riant de mon embarras.

Quelle belle chose vraiment que la presse ; et comme les journaux qui n'ont pas voulu infecter la province d'une politique dangereuse ont su la moraliser !

Si j'avais eu une once de cervelle saine dans la

tête, je me serais prudemment éloigné de cette charmante personne et me serais rapproché de sa sœur Laurence. Mais ce fut le contraire qui arriva. Laurence avait une tête et un cœur d'ange, mais elle boitait, tandis que Suzanne, droite dans sa taille cambrée, était souple comme une couleuvre. Ce fut Suzanne qui m'attira et je me mis à l'étudier.

C'était vraiment une curieuse jeune fille, et assurément le produit le mieux réussi d'une éducation mondaine qui s'était faite un peu partout, au hasard des rencontres d'une existence décousue : je ne dis pas qu'elle soit un type qui résume une époque, mais je dis qu'elle n'est pas non plus une exception, car ce que j'ai vu en elle, je l'ai remarqué aussi dans plus d'une autre. Soit intuition naturelle, soit sagacité reçue de l'expérience, elle avait jaugé la vie et le monde et elle s'était dit qu'elle ne pourrait s'y faire la place qu'elle désirait que par un beau mariage. Et un beau mariage pour elle, c'était celui qui lui donnerait un mari puissant par le nom, la fortune ou la position : c'était la vie à Paris, en vue sur le théâtre du monde, avec son nom et la description de ses toilettes dans les journaux spéciaux; c'était l'occasion de paraître et d'éblouir. Cela s'accomplissant, elle se croyait assurée de ne bâiller jamais et de ne jamais avoir des retours de tristesse, de déception ou d'ennui. Elle avait vu la cour ou plus justement elle avait été reçue dans une demi-intimité à Biarritz, et ce que Massillon, dans un sermon que j'ai appris lors de mon baccalauréat, a dit des exemples des grands et des princes de la terre « placés pour le salut comme pour la perte des peuples » s'était réalisé chez elle. Pourquoi elle aussi ne ferait-elle pas un mariage extraordinaire? Cela était possible; tout est possible à qui sait vouloir avec continuité; elle disposait d'une arme irrésistible, la beauté; elle n'avait qu'à s'en servir froidement; si elle restait belle jusqu'à trente ans, et c'était probable, car elle était parfaitement décidée à ne tomber dans aucune de ces faiblesses qui altèrent la beauté, la tendresse, la passion, le dévouement, combien de chances favorables pouvait-elle rencontrer avant cet âge, alors qu'elle saurait les faire naître et les suivre! Si un homme n'est qu'un jouet aux mains d'une innocente petite fille de dix-sept ans, que ne peut sur lui une femme de vingt-cinq ans, belle, libre, expérimentée, sachant ce qu'elle dit et ne dit pas! Les imaginations romanesques qui s'emportent à froid et calculent vont loin; Suzanne avait une imagination de cette espèce.

Son modèle trouvé, elle en devint fanatique. Que n'avions-nous en France un journal comme le *Court-Journal*, de Londres! A défaut de cette feuille éminemment utile, elle se donna un correspondant qui dut la tenir au courant de ce qu'elle voulait savoir : c'était un jeune écuyer qu'elle s'attacha, sans doute, par de vagues promesses qui n'auront jamais été exécutées, j'en suis bien certain; peut-être aura-t-il touché de légers, de très-légers à-compte sur son traitement; mais quant à en avoir été soldé, c'est une autre affaire. Avec cette correspondance à laquelle elle adjoignit la lecture régulière du *Sport* et de la *Vie parisienne;* avec ses conversations et ses interrogations chez Worth; avec les relations qu'elle s'était créées dans les villes d'eaux, elle arriva à savoir à Tarbes les nouvelles du monde parisien tout aussi bien que si elle eût habité Paris et eût vécu dans ses salons, ses clubs et les coulisses de ses théâtres. Combien de fois m'a-t-elle étonné en me racontant, dans leurs détails, des niaiseries que je croyais connues de ceux-là seuls qui en avaient été les auteurs! mais il n'y avait point de niaiseries pour elle, dès qu'elles s'étaient passées dans le monde qu'elle adorait. Une pareille éducation ne dispose point à la bégueulerie; aussi Suzanne n'était-elle ni prude ni bégueule; avec elle on pouvait tout dire; et c'était même là une des causes de l'attrait qu'elle exerçait sur certains hommes; près d'elle, ils se sentaient à l'aise comme avec un camarade. Ce que j'appelle « tout dire » doit s'entendre largement, car bien souvent le sujet de ses conversations était le dernier article de la *Vie parisienne*, et l'on sait que si ces articles étaient le plus souvent remarquables par l'esprit, l'observation ou le style, ils étaient rarement écrits pour les petites filles « dont on coupe le pain en tartine. » Un soir qu'elle me fit lire tout haut dans son salon une fantaisie ayant pour titre : « Le Melon, » je faillis rester court, tandis qu'elle riait aux éclats. Cela la mit de si belle humeur que contrairement à son habitude, elle remplaça sa sœur au piano et, pendant toute la soirée, nous joua et nous chanta la partition des *Turcs*.

— Si je laissais Laurence jouer ses pleurnicheries ou ses sentimentaleries ordinaires, dit-elle, ou bien encore sa musique sérieuse, M. d'Arondel serait capable de se convertir tout à fait : rions un peu.

Et l'on rit beaucoup, et je rentrai chez moi à une heure du matin, un peu plus troublé, un peu plus ému que tous les soirs.

Bien entendu, je ne connus pas Suzanne, telle

que je viens de la peindre, du jour au lendemain; mais du jour au lendemain, pour ainsi dire, je fus irrésistiblement attiré vers elle, et il y eut cela de particulier dans cette attraction, qu'elle s'exerça avec d'autant plus de puissance que je fis des découvertes dans la nature ou le caractère de Suzanne qui me blessaient. Explique cela qui pourra, je ne m'en charge pas.

Cependant, je sus me renfermer dans une prudente réserve, car les gens qui ont la réputation d'être des mauvais sujets sont ceux que doivent le moins craindre les honnêtes femmes : habitués aux facilités de la galanterie, ils ont, lorsqu'ils sortent de leur monde, des timidités, des scrupules, des hésitations qui feraient rire un père de famille. Et il est très-probable que je serais resté longtemps momifié dans cette réserve, si Suzanne elle-même n'était venue me prendre par la main pour m'en tirer.

Quand je dis par la main, cela n'est pas très-juste, je devrais plutôt dire par le pied; mais enfin peu importe, l'essentiel à savoir est qu'elle m'en tira. Voici dans quelles circonstances.

Plusieurs fois j'avais accompagné la famille Bordenave dans ses promenades; elle en calèche, moi en voiture. Il fut décidé un soir que nous irions le lendemain visiter le célèbre pèlerinage de Bétharram; seulement comme une course de soixante kilomètres était un peu longue pour mon cheval, on m'admit dans la calèche.

Me voilà donc en route pour Bétharram, dans la même voiture que la belle Suzanne; j'étais assis juste en face d'elle et j'avais Laurence à côté de moi. C'est un chemin un peu monotone que celui de Tarbes à Bétharram, toujours des bois, des landes et des bois, mais on a dans le lointain la chaîne des Pyrénées comme un immense entassement de nuées bleues; et puis je dois dire que j'étais beaucoup plus attentif aux yeux de Suzanne qu'au paysage. Tout à coup, en traversant la lande d'Ossun, il me sembla sentir un frôlement contre mon pied. Je reculai. Le frôlement me suivit. Je reculai encore, mais très-peu. Alors une bottine fine et souple se posa sur mon pied.

Je levai les yeux et regardai Suzanne en face; elle était souriante.

— Pourquoi pas? dit-elle.

Et son pied pressa le mien : je crois que je n'ai jamais éprouvé émotion si vive et si rapide; c'en fut fini de mes timidités et de mes scrupules. Les vingt kilomètres qui nous restaient à parcourir avant d'arriver à Bétharram se firent pour moi en quelques minutes. Elle m'aimait donc, cette belle Suzanne que j'avais si ardemment désirée.

A peine étions-nous descendus de voiture, qu'à mon grand étonnement elle se dirigea vers la chapelle, tandis que sa mère et sa sœur restaient sur la rive du Gave à regarder les longues guirlandes de lierre qui, du pont, pendent jusque dans l'eau. Je la suivis rapidement, croyant qu'elle m'offrait une occasion de me trouver seule avec elle. Quand j'entrai dans la chapelle, elle était déjà agenouillée sur un prie-Dieu. Un moment j'hésitai à avancer; car, sans être dévot, je crois que les églises ne sont pas faites pour des conversations d'amour. Cependant une force à laquelle je ne pus résister me poussa en avant, et je m'approchai d'elle pour lui prendre la main. Ah! qu'elle était belle agenouillée sur son prie-Dieu, la taille cambrée, la tête renversée en arrière, les yeux perdus dans la contemplation de la lune, du soleil et des étoiles qui forment le ciel de cette chapelle. Mais au mouvement que je fis, elle se retourna vers moi, et m'arrêtant d'un regard indigné :

— Vous ne sentez donc pas, dit-elle à mi-voix, que je finirai dans un couvent?

Je sortis hébété. Dévote! Elle était dévote! Mais alors? Et je me mis à chercher une explication à ces inconséquences de caractère. Après tout, ce n'était pas plus fort que de la voir, du matin au soir, lire la *Vie de Marie-Antoinette*.

Il me fallut bien vite en rabattre des espérances que cette caresse m'avait inspirées; et, par ce que je vis, par ce que j'entendis, je compris que je n'étais pas le seul mortel heureux qui eût reçu cette faveur. Quelques jours après notre promenade, elle fit avec sa mère et son notaire un petit voyage à Bordeaux pour affaire. Le notaire, jeune et beau garçon, me déplaisait; mais je ne le redoutais pas beaucoup, ce n'était qu'un notaire, c'est-à-dire un brave homme condamné au mariage et à la médiocrité. Le lendemain soir, il vint faire sa visite; j'étais là.

— Ce bon notaire, dit Suzanne, comme je lui suis reconnaissante de ses attentions! sans lui, mon cher d'Arondel, je gagnais le rhume, car il faisait un froid de loup dans notre wagon, mais pendant la nuit il a pressé mes bottines sur son cœur, et vous savez, les pieds étaient dans les bottines. Qui aurait cru qu'un cœur de notaire était si chaud que ça? un calorifère. Laurence, si tu en trouves jamais un, uses-en.

Il n'est pas nécessaire, je crois, de parler de la mine du pauvre garçon; mais, avant son départ, elle trouva moyen de raccommoder les choses : elle avait voulu se donner la satisfaction de se moquer de lui après s'être donné le plaisir des bottines, mais il n'entrait pas dans sa politique de le renvoyer fâché. A un moment où elle crut qu'on ne pouvait pas l'entendre, elle s'approcha de lui, et à mi-voix rapidement :

— Maman vous avait vu, dit-elle. Il fallait tout expliquer. Comprenez-vous?

Je ne sais pas s'il comprit, mais moi je compris parfaitement. Tous les hommes lui étaient bons pour ce qu'elle voulait d'eux. La femme qui aime et se donne a des délicatesses de choix et des exigences qui importent peu à la femme maîtresse d'elle-même, sans tendresse comme sans faiblesses. Avec les femmes de ce caractère, si l'on a le malheur d'être jaloux, ce n'est pas de celui-ci ou de celui-là qu'il faut l'être, mais de tout le monde.

Je le fus, bien que j'eusse la conviction qu'elle avait toujours été invulnérable pour les autres comme elle l'était maintenant pour moi. D'ailleurs sa réputation n'avait jamais reçu une sérieuse atteinte, et dans cette ville de province où tout se sait, personne ne formulait contre elle un reproche net et précis : légère, coquette plus que femme au monde, mais c'était tout. Le but qu'elle poursuivait la mettait à l'abri du danger. Si j'avais douté de cela, les indiscrétions du public indifférent, et aussi celles que j'obtenais par hasard de mes amis, m'eussent rassuré.

Ainsi, un matin, je reçus une dépêche m'annonçant que deux amis de Paris passant par Tarbes arriveraient chez moi à onze heures pour déjeuner et repartiraient le soir par le train de six heures. Je leur improvisai le meilleur déjeuner que je pus, et, comme ma cave était bonne, lorsqu'ils se levèrent de table, ils étaient gris, mais de cette ivresse joyeuse qui porte sur la tête et non sur l'estomac. Ils voulurent alors visiter mon appartement en détail, et, en furetant dans ma chambre, ils poussèrent tous deux en même temps un cri de surprise devant un portrait de Suzanne qui était posé sur ma cheminée.

— Tiens, Suzanne Bordenave! tu connais donc Suzanne, la belle Suzanne, la belle des belles?

Il fallut s'expliquer : j'étais surtout anxieux de savoir où et comment ils l'avaient connue. A Cannes, chez un ami commun; ils avaient passé un mois avec elle.

— Hein! quelle fille étonnante! et qu'elle ressemble peu aux modèles de jeunes filles que nous montrent les théâtres! Cela me remue de la revoir.

Voilà bien ses yeux brûlants, voilà ses lèvres charnues et sanguines.

Je voulus les faire causer, ce qui ne fut pas difficile, dans l'état d'épanchement où ils étaient.

— Le plus drôle dans notre histoire, c'est qu'elle était entre nous deux à table. Au bout de quelques jours, voyant qu'elle nous honorait également de son amitié, nous fîmes une convention. Puisque tu la connais, tu sais avec quelle facilité elle se prête à certaines caresses qu'on dit innocentes. Nous arrêtâmes donc que nous lui prendrions chacun un pied sous la table, et qu'à chaque pression de sa part nous nous avertirions. C'était à mourir de rire; jamais elle n'a fait de jaloux : à droite, à gauche, et puis à droite et à gauche sans jamais se tromper. Tous les hommes qu'elle rencontre sont à elle : elle en joue comme on joue du piano; ça l'amuse. Puisqu'elle habite Tarbes, nous allons aller lui faire visite.

— Vous êtes gris.

— Ça ne la fâchera pas.

— Je ne vous conduirai pas.

— Nous irons seuls ; pourvu que nous soyons à six heures au chemin de fer, c'est tout ce qu'il nous faut.

Je finis par céder, car j'aimais encore mieux être

près d'eux que de les laisser aller seuls; et puis j'avais l'inquiète curiosité de voir comment elle les recevrait.

Elle les reçut avec une joie très-vive. Depuis deux ans, elle les avait oubliés. C'était presque de nouveaux adorateurs.

Contrairement à ce que j'avais espéré, plus ils causèrent plus ils se grisèrent. Madame Bordenave, qui aimait la dignité, riait jaune de leurs plaisanteries; Laurence était mal à l'aise; seule, Suzanne prenait un plaisir extrême à cette visite.

Lorsque nous étions entrés, elle était en train de confectionner, avec le goût et l'adresse qu'elle apportait à ce genre de travail, des chapeaux italiens pour des cousines de province.

Elle prit mes amis pour des poupées de modiste et, les faisant mettre à genoux devant elle, elle disposa les ornements et les fleurs sur eux, comme s'ils eussent été des mannequins; mais lorsque sa main les effleurait, ces mannequins s'animaient.

Avant que l'heure arrivât, je les avertis qu'il était temps de partir.

— Nous partons.

Mais ils ne bougèrent point. Enfin, je parvins à les décider : il y eut alors de longues poignées de main échangées et tout le manége des adieux.

Pour les entraîner, je passai devant. Suzanne me rappela :

— Tâchez de leur faire manquer le train, dit-elle, et ramenez-les, nous passerons la soirée tous ensemble : ils sont très-drôles.

Un autre eût peut-être ouvert les yeux : moi j'aimai Suzanne un peu plus que je ne l'aimais déjà, car mon amour m'avait peu à peu si complétement envahi, qu'il ne pouvait plus guère aller qu'en augmentant ; je ne vivais plus que pour elle, et toutes mes soirées se passaient à la contempler, à l'adorer ; de tous ses soupirants j'étais le plus fidèle, le plus soumis et en même temps le plus ardent. Mais voudrait-elle jamais de moi ? Qu'avais-je à lui offrir ? Comment la tenter ? Comment la prendre ?

Nous arrivâmes ainsi au mois de juillet de l'année 1870, lorsque tout à coup les journaux commencèrent à parler de difficultés qui s'élevaient entre la France et la Prusse. Tout d'abord, je prêtai peu d'attention à ces bruits ; mais Suzanne les accueillit tout autrement.

— C'est la revanche de Waterloo, dit-elle, comme Solférino et Sébastopol ont été la revanche de 1814 ; toutes les puissances de l'Europe y passeront à tour de rôle ; l'empereur est le digne héritier de son oncle.

— Je croyais que l'empire c'était la paix.

— En politique il y a ce qu'il faut dire, et il y a aussi ce qu'il faut faire ; l'empereur connaît les deux.

Naturellement elle avait la plus vive admiration pour le gouvernement impérial, qui, à ses yeux, avait réalisé au profit du pays le double idéal de l'éclat dans la force et du luxe dans la tranquillité. Cette formule, qui était à elle et qui ne me paraissait pas signifier grand'chose, était la réponse à toutes les allégations qu'on lui opposait. Aussi je causais politique avec elle le moins que je pouvais; mais elle avait la rage de me provoquer et j'avais la lâcheté de lui céder toujours. Qu'eût dit M. Chaufour s'il avait entendu son élève? Mais le bon petit père Chaufour ne connaît de l'amour que ce qu'en ont dit les classiques, et pour lui c'était « la tunique de Nessus ; » l'homme qui s'en couvrait ne pouvait plus faire que des sottises.

On sait comme les événements marchèrent vite, et comme certains journaux poussèrent en avant le gouvernement français. Le soir où Suzanne lut dans le *Pays* : « La France est prête ; les femmes sont à genoux et les hommes sont armés, » elle nous joua la *Marseillaise* jusqu'à minuit.

— L'heure était venue ; il n'y avait qu'à chasser les Prussiens la crosse dans le dos.

Le 15, un vendredi, le télégraphe nous apporta le résumé de la déclaration de M. Émile Ollivier. Ce soir-là j'allai plus tôt qu'à l'ordinaire chez Suzanne. Je la trouvai dans le jardin.

— Eh bien! cria-t-elle du plus loin qu'elle me vit, c'est la guerre.

— C'est la guerre.

— M'avez-vous quelquefois regardée ?

Je levai les yeux sur elle, ne comprenant rien à ces paroles étranges.

— Oui, continua-t-elle, me connaissez-vous ? Que vous ont dit mes épaules tombantes et ma taille longue ?

— Que vous êtes...

— Pas de fadaise : elles ont dû vous dire que je n'aimerais et n'épouserais jamais qu'un militaire. Au reste, je crois que je n'aurais que l'embarras du choix, car tout homme de cœur, je l'espère bien, va se faire soldat; c'est la guerre sainte. Vive l'empereur!

## III

Il vint beaucoup de monde ce soir-là, et Suzanne fit illuminer le salon comme pour un jour de fête.

Elle allait au-devant de chacun avec un air triomphant, et son mot était celui qu'elle m'avait dit :

— Eh bien ! c'est la guerre.

— C'est la guerre.

Mais le ton de la réponse ne ressemblait en rien au ton de l'interrogation. J'ai entendu dire qu'à cette même heure, à Paris, la foule parcourait les boulevards en chantant la *Marseillaise* et en criant :

« A Berlin ! » C'est possible, il y a foule et foule ; d'ailleurs, je n'étais pas à Paris, et je ne veux parler que de ce que j'ai vu. Or, ce que j'ai vu autour de moi ne ressemblait en rien à l'enthousiasme. Les gens arrivaient exactement comme s'ils avaient été réveillés dans leur sommeil par le cri : « Au feu ! » et ils s'interrogeaient les uns les autres stupéfaits, ahuris ; car nous en étions encore, dans notre province, aux commentaires pacifiques qui avaient suivi la déclaration « du père Antoine ; » et cette nouvelle de guerre nous surprenait comme un coup de foudre dans un ciel tranquille.

Après s'être engourdis pendant dix-huit ans, ces honnêtes bourgeois sortaient brusquement de leur apathie politique. Ils avaient fait des affaires, ils en voulaient faire encore ; ils ne voulaient pas faire la guerre. Pourquoi la guerre ? Au profit de qui ? On venait de leur demander leurs votes en leur jurant que leur *oui* assurerait la paix du monde ; et moins de trois mois après ces serments, on déclarait la guerre. Se moquait-on d'eux ? Les fonctionnaires n'osaient pas se risquer aussi loin, mais ils avaient des mines allongées qui parlaient pour eux ; avec cela, bien entendu, l'air recueilli et le silence diplomatique comme s'ils avaient peur de compromettre l'État, tandis qu'en réalité ils n'avaient peur que de compromettre leur place. A peine entré, un vieil ingénieur qui savait par expérience ce qu'on gagne à se taire, proposa un whist, et il se forma aussitôt une table de gens graves qui, paraissant absorbés dans leur jeu, ne répondaient à aucune interrogation, mais ne perdaient pas un seul mot de ceux qui étaient assez imprudents pour parler haut.

Seuls, les officiers arrivaient le poing sur la hanche, l'épaule en avant et la tête en arrière. — « On allait donc flanquer une jolie tripotée à ces brutes de Prussiens. »

Ils entourèrent Suzanne, et en dix minutes la Prusse fut hachée en morceaux et l'Allemagne remaniée.

Devant cet enthousiasme victorieux, les bourgeois s'arrêtèrent un moment. Ils semblaient avoir cependant conscience de leur force et de leur droit, mais d'une minute à l'autre on ne perd pas la prudence et la réserve qui sont devenues des habitudes de mœurs. Ce fut mon notaire, ou, plus justement, le notaire de Suzanne, celui aux bottines, qui se révolta contre cette oppression militaire.

— Arrêtez, messieurs, vous n'êtes pas encore à Berlin, et je crois même que vous n'irez pas.

— C'est-à-dire?

— Oh! je ne doute ni de votre courage ni de vos succès, l'armée française est la meilleure armée du monde, chacun sait ça; mais je doute de la guerre.

— Puisqu'elle est déclarée!

— Pas encore; et avant qu'elle le soit, on peut arranger les choses, maintenant surtout qu'on a produit son effet en montrant que le chassepot n'avait pas peur du fusil à aiguille. Pourquoi voulez-vous qu'on fasse la guerre?

— Le notaire a son étude à payer sans doute?

— Parfaitement: j'ai acheté mon étude après le plébiscite; et j'en ai donné 300,000 francs, parce que j'avais un avenir de tranquillité assuré devant moi; si mon mandataire, qui m'avait promis cette tranquillité pour que je lui renouvelle son mandat me manque aujourd'hui de parole, il me vole mes 300,000 francs.

— Il ne s'agit pas des intérêts de vos boutiques, mais de l'honneur de la France.

— De l'honneur de mon mandataire peut-être, mais pas de celui de la France qui veut la paix, car vous m'accorderez bien, messieurs, que je connais le pays mieux que vous; je vois les bourgeois et les paysans, les riches et les pauvres, personne ne veut la guerre.

Le raisonnement du notaire inspirait visiblement la pitié et le mépris; on allait lui répondre comme il le méritait quand Suzanne avec son adresse habituelle intervint dans la discussion.

— Notaire, dit-elle avec un doux sourire, parfait notaire !

— Mademoiselle !

— Croyez-vous que M. Emile Ollivier soit un niais?

— Je n'ai pas dit cela.

— Croyez-vous que M. de Gramont soit un fou?

— Non.

— Croyez-vous que M. le maréchal Lebœuf soit un Matamore et l'empereur un Géronte? Non, n'est-ce pas? Eh bien! si ces hommes, vos mandataires comme vous dites, ont demandé à la Prusse des engagements qui la contraignent à la guerre, c'est que cette guerre était inévitable, et qu'ils ont la certitude de la faire glorieusement pour eux et utilement pour la France. Si ce double résultat n'est pas obtenu, je m'engage à déclarer avec vous que M. Ollivier est un niais, M. de Gramont un fou, le maréchal Lebœuf un Matamore, et l'empereur, oui, l'empereur lui-même, un Géronte. Mais, jusque-là, permettez-moi de croire qu'ils savent ce qu'ils font et qu'ils ont choisi leur moment.

— Pour moi, dit madame Bordenave intervenant

dans le débat, je ne regrette en tout cela qu'une seule chose, c'est que cette déclaration de guerre arrive un vendredi ; quand on commence une entreprise le vendredi, il faut se défier des vendredis qui suivront ; ils seront tous bons ou tous mauvais.

En tout autre moment, j'aurais suivi cette scène avec attention, mais j'étais trop profondément agité moi-même pour n'être point distrait des impressions extérieures par mes propres angoisses. Réfugié dans un coin, je ne pensais qu'à ce que Suzanne m'avait dit. Quel sens fallait-il attacher à ses paroles? Étaient-elles sérieuses, ou simplement jetées en l'air comme cela lui arrivait souvent?

Je laissai partir tout le monde et restai le dernier. J'aurais voulu me trouver seul une minute avec Suzanne, mais ni sa mère ni sa sœur ne paraissaient disposées à me céder la place. Je me décidai à parler devant elles :

— J'ai beaucoup réfléchi à ce que vous m'avez dit.

— Quoi donc?

— Vous ne vous en souvenez pas?

— J'ai dit tant de choses!

— A propos de vos épaules...

— Ah! très-bien ; et peut-on vous demander comment ces réflexions ont eu le triste don de vous changer en hibou pour toute la soirée ? Dans votre coin, ramassé sur vous-même, vous me faisiez l'effet d'une cigogne qui, posée sur une patte, pense au départ.

— C'était aussi au départ que je pensais.

Habituellement, lorsque nous parlions Suzanne et moi, sa mère et sa sœur nous laissaient pleine liberté ; elles affectaient même de se livrer à quelque occupation comme pour nous dire : « Causez de ce que vous voudrez, nous vous voyons, mais ne vous entendons pas. » Ce soir-là, au mot de départ, Laurence se rapprocha de nous.

— De quel départ parlez-vous donc ? dit-elle.

— Du départ des hirondelles, interrompit sèchement Suzanne.

— Ce n'est pas la saison, dit gravement madame Bordenave.

— Aussi, maman, ce que nous disons n'a d'intérêt qu'au point de vue théorique.

—C'est votre conclusion, mademoiselle ?

— Ce n'est pas de la mienne qu'il s'agit, mais de la vôtre ; j'ai parlé tantôt sérieusement, vous savez ce que je pense à ce sujet.

— Alors, je suis décidé.

— Eh bien?

Elle ne répondit pas à cette interrogation posée

d'une voix tremblante et suppliante, mais saisissant ma main, elle me la serra fortement, pendant que ses yeux se plongeaient dans les miens comme pour venir jusqu'à mon cœur et le prendre. Que le oui sec et froid du mariage eût été peu de chose à côté de cet élan !

— A demain.

Je passai la nuit à me promener dans ma chambre en essayant de convaincre ma mère de l'excellence de ma résolution : son image s'était imposée à mon esprit, et j'avais le sentiment qu'elle était là, assise dans un fauteuil au coin de la cheminée; dans le silence de la nuit, il me semblait l'entendre prononcer certains mots avec une intonation qui lui était particulière; mon nom de Louis, par exemple, qui dans sa bouche prenait une longueur et une douceur qu'il n'a jamais eue dans la bouche des autres. Mon argumentation, — car j'argumentai, — roula sur ce point, j'allais faire la guerre, je n'allais pas mener la vie de garnison; puisque la patrie était engagée, je devais la défendre.

Le lendemain matin, sans prendre le temps d'attendre l'ouverture des bureaux de la subdivision, j'allai trouver au lit un officier de mes amis et lui fis part de mon intention de m'engager aux chasseurs d'Afrique.

Les formalités à remplir étaient très-simples, mais il refroidit mon enthousiasme lorsqu'il m'expliqua qu'on me dirigerait d'abord sur le dépôt qui était en Algérie, et que là, pendant six ou sept mois, j'aurais à apprendre le métier de cavalier, qui ne s'apprend pas en un jour.

— Mais dans six mois la guerre sera finie?

— Il faut l'espérer.

— Alors je serai un bon cavalier quand je n'aurai plus de service à rendre; ce n'est pas en Algérie que je veux aller, mais en Prusse. Je veux bien verser mon sang sur un champ de bataille, je ne veux pas verser ma sueur dans une écurie.

— Ceci, mon ami, est un préjugé; à l'armée, la sueur est d'un prix plus élevé que le sang.

Cette combinaison ne pouvant pas me convenir, j'en cherchai une autre. Le régiment où mon père avait servi était précisément commandé par un de ses anciens camarades, le colonel de Saint-Nérée, qui m'avait vu tout enfant à Courtigis; il m'avait toujours témoigné beaucoup d'amitié en souvenir de mon père, et lors de son dernier voyage à Paris, je l'avais souvent vu. Je lui expédiai une dépêche pour lui expliquer et la situation que me faisaient les règlements administratifs et mes désirs.

Le lendemain je recevais sa réponse : « Je vous

prends, irons en guerre ensemble; point besoin de venir en Algérie; nous partons pour France; me rejoindrez à l'armée du Rhin; vous êtes homme de cheval; le sang des d'Arondel vous fera soldat en quelques jours. »

Je n'avais pas voulu revoir Suzanne avant d'avoir reçu une réponse : aussitôt que je l'eus, je courus chez elle.

— Je vous ai attendu hier toute la journée, et aujourd'hui je ne vous attendais plus, me dit-elle.

Sans rien répliquer, je lui présentai ma dépêche télégraphique.

En venant, je m'étais demandé avec une certaine inquiétude quel accueil elle me ferait; mais de tout ce que j'avais imaginé rien ne se réalisa.

— Maman, dit-elle en s'adressant à sa mère sans me regarder, je voudrais faire une promenade à cheval avec M. d'Arondel; tu permets, n'est-ce pas ?

Puis se tournant vers moi :

— Dans une demi-heure, si vous voulez me prendre, je serai prête.

Je la savais peu expansive, mais ce calme me stupéfia : que signifiait-il ?

— Où voulez-vous aller ? me dit-elle lorsqu'elle monta à cheval.

— A Ossun.

— Pourquoi donc Ossun? la route est bien sèche.

— Parce que je voudrais retourner où nous avons passé en allant à Bétharrame.

— Ah! oui. Allons à Ossun.

Je croyais qu'elle voulait me parler; mais nous chevauchâmes à côté l'un de l'autre pendant près d'une heure, sans qu'elle m'adressât un seul mot. Ah! qu'elle était belle dans sa robe d'amazone, la tête ombragée sous un petit feutre mou! sa taille ondulait au mouvement du cheval et sa poitrine se soulevait en cadence.

Nous arrivâmes à l'endroit où son pied s'était posé sur le mien, lors de notre promenade à Bétharrame.

— Cet endroit ne vous dit rien? lui demandai-je.

— Croyez-vous donc que j'oublie? Je n'oublie jamais, entendez-vous, jamais. Allons au pas, voulez-vous, nous serons mieux pour causer.

Alors lâchant la bride sur la crinière de son cheval, elle me tendit la main.

— Monsieur d'Arondel, vous êtes un homme.

— J'ai un cœur, voilà tout.

— Moi aussi, au moins, je l'espère, mais je suis bien certaine d'avoir une tête. Si je vous ai donné un conseil qui tout d'abord a pu vous surprendre, soyez convaincu qu'il était réfléchi. En apprenant la déclaration de guerre, ma première pensée a été pour vous : j'ai senti que cette guerre serait le grand événement de notre temps, et j'ai souhaité vous y voir prendre part.

Nos chevaux marchaient d'un même pas, côte à côte, et dans cette vaste lande nous étions seuls ; je pressai sa main qu'elle m'abandonna.

— Bien entendu, continua-t-elle, je n'ai pas la prétention de deviner l'avenir ; mais quoi qu'il arrive, le règne du soldat recommence, et je crois qu'il durera longtemps ; j'ai souhaité vous voir soldat ; si l'empereur triomphe comme j'en ai la grande espérance, il devra tout à l'armée et fera tout pour elle ; soyez bien certain que la faveur des gens d'affaires et des avocats est finie ; ils n'auront été qu'une distraction. Si, contre toute attente, l'empereur ne triomphait pas, ce serait l'armée qui sauverait le pays.

J'avais dans le cœur d'autres idées que des idées politiques ; cependant je n'osai pas l'interrompre, car sous la glace de ces paroles sérieuses, il y avait la préoccupation de son avenir et du mien : j'étais heureux qu'elle les réunît.

— Vous êtes jeune, vous avez du courage, vous

avez un nom, il faut que vous preniez votre place dans l'armée, car ce sera l'armée qui tranchera de son sabre toutes les difficultés de notre époque. On a beaucoup crié contre l'armée, on s'est efforcé de la déconsidérer et de l'amoindrir, mais l'éclipse ne sera pas longue. C'est cette conviction qui m'a fait vous dire que je n'épouserai jamais qu'un militaire. Vous pensez bien, n'est-ce pas? que mon ambition n'est point de vivre de la vie de garnison et de faire promener mes enfants par un sapeur pendant que mon mari et moi nous travaillerons à notre tapisserie. Mes idées, je l'avoue, vont plus haut. Qui dit soldat, dit sauveur, et je m'imagine que d'ici quelques années, il y aura pas mal de sauvetages à opérer; sauver la société; sauver la France, l'ouvrage ne manquera pas, je veux y mettre la main dans la manche de mon mari; la main d'une femme n'est pas inutile dans ces occasions. C'est Joséphine qui a fait donner le commandement de l'armée d'Italie à Bonaparte.

— Bonaparte n'était pas dégoûté..

— C'est pour Barras que vous dites ça?

— Dame, il me semble que Barras était dur à accepter.

J'en aurais eu long à répondre sur tous ces sujets qu'elle abordait les uns après les autres pour les mélanger dans une étrange confusion. Mais ces paroles, dont le sens me revient aujourd'hui et m'éclaire ce curieux caractère de jeune fille, bourdonnaient alors à mon oreille et n'entraient guère dans mon esprit. Il me semblait que puisque nous avions la bonne fortune de nous trouver seuls, en tête à tête dans cette vaste lande, par une belle journée d'été, nous avions mieux à faire que de traiter les problèmes politiques du temps présent et de l'avenir. Ce qui me préoccupait, ce n'était pas le sens des paroles de Suzanne, c'était leur accent qui charmait mon cœur. Ce à quoi j'étais attentif, c'était au mouvement de ses lèvres, à l'éclat de ses yeux, à la grâce de son attitude ; quand elle me parlait armée, empire, société, ce qui m'émouvait, c'était la passion qu'elle mettait dans son discours. Ah combien les paroles sont de peu d'importance dans l'amour comme dans la musique!

Mais Suzanne, qui n'était pas sous la même influence que moi et ne partageait pas mon trouble, restait attentive à ce qu'elle disait. Ne pouvant plus me contenir, je sautai à bas de mon cheval et, le laissant aller la bride sur le cou, je m'approchai de Suzanne et la pris dans mon bras droit, tandis que de la main gauche j'arrêtais son cheval.

—Qu'avez-vous donc? dit-elle.

— Restons un moment ici ; je voudrais regarder avec vous le paysage qui se déroule là, devant nous, et l'emporter dans mon cœur avec votre souvenir.

— Regardons.

Nous étions arrivés sous un groupe de chênes verts qui nous couvraient de leur ombre noire, et la vue s'étendait jusqu'à l'horizon sur des vallées fertiles arrosées par les affluents de l'Adour; personne autour de nous, partout le silence. Au loin, seulement, les agitations de la vie, comme si nous planions au-dessus de la terre. Le gazon que nous foulions, brûlé par le soleil qui avait desséché les mousses et les bruyères, exhalait des senteurs aromatiques qui troublaient le cœur.

Ma tête était appuyée sur la jupe de Suzanne, et mes yeux attachés sur les siens tâchaient de lire dans son âme les sentiments qui l'animaient. Nous restâmes longtemps ainsi, puis sans penser à ce que je faisais, l'esprit perdu, emporté par les bouillonnements de mon sang, je voulus la prendre dans mes bras.

— Chère Suzanne !

Mais elle se dégagea et poussant son cheval en avant :

— Rentrons, dit-elle.

Quand j'eus repris mon cheval, elle était déjà loin

dans la lande, et je fus obligé de forcer l'allure pour la rejoindre.

J'avais mille choses à lui dire; je voulus l'arrêter, mais elle fit prendre le grand trot à son cheval et le bruit de mes paroles se perdit dans le tapage de cette course sur la route dure : elle avait baissé son voile, je ne voyais même plus ses yeux.

A l'entrée de la ville seulement elle mit son cheval au pas.

— Quand comptez-vous partir? me dit-elle.

— Demain.

— Déjà?

— Je voudrais dire adieu à ma mère.

— Alors, nous vous conduirons demain au chemin de fer.

Le train que je devais prendre partait à dix heures : à neuf, madame Bordenave et ses deux filles me conduisirent à la gare.

Elle était déjà pleine : les ordres de rappel étaient parvenus dans tous les villages, et les jeunes gens qui n'avaient pas fini leur temps de service avaient été relancés par les maires, les gendarmes et les gardes champêtres. Ils arrivaient de la montagne. En troupe le soldat français est gai et gouailleur, mais isolé il sent naturellement comme tous les hommes. Les Basques, vigoureux, maigres et nerveux, à la charpente osseuse, aux yeux doux et vifs, qui étaient encore sous l'impression de la séparation, et qui portaient encore sur leurs souliers la poussière de la terre natale, s'asseyaient tristement sur leurs sacs, recueillis, sombres, sans répondre aux cris et aux chants des gamins qui représentaient l'enthousiasme.

Il y avait là aussi beaucoup de monde de la ville, des parents qui accompagnaient leurs enfants, des curieux. Je n'avais pas annoncé mon départ, mais on sut bientôt que je m'étais engagé ; cela m'attira les compliments de ceux qui me connaissaient. On nous entoura, et je ne pus rester seul avec Suzanne pendant les quelques instants que nous avions à passer ensemble.

A chaque minute il me fallait répondre aux félicitations et aux poignées de main.

— C'est bien; il faut donner l'exemple; le Français est né soldat.

J'étais fort peu sensible à ce succès, mais Suzanne en jouissait. Elle répondait pour moi; je ne l'avais jamais vue si légère.

— Ne prenez donc pas cette figure d'enterrement, me dit-elle en se penchant à mon oreille.

— Je vous quitte.

— Croyez-vous que je n'y pense pas? mais faut-il

gnnez notre émotion en spectacle ? soyons gais au contraire.

Et comme deux ou trois jeunes gens de son intimité venaient à leur tour pour me féliciter :

— Allons, messieurs, leur dit-elle, faites comme M. d'Arondel, laissez-vous toucher par l'exemple.

Et elle se mit à chanter la chanson du *Val d'Andorre :*

Je suis le joli recruteur.

La cloche sonna ; il fallut se séparer. Nous nous serrâmes la main ; elle vit dans mes yeux l'angoisse qui m'étreignait.

— Bonne chance, dit-elle, nos cœurs sont avec vous.

— Écrivez-nous, dit Laurence.

Je ne sais si Suzanne eut peur de me voir céder à mon émotion, ou si elle obéit à un mouvement de sa nature, mais me rappelant :

— Embrassons-nous, dit-elle.

Puis tout de suite changeant de ton :

— Sauvez-vous, vous allez manquer le train. Allons, allons, bon voyage :

Pars pour la Crète.

## IV

Je restai pendant tout mon voyage sous l'impression de ces adieux. Bien que n'étant pas de tempérament mélancolique, j'avoue que j'aurais préféré qu'ils fussent moins gais. Leur accompagnement musical surtout me peinait d'une façon irritante ; il s'était logé dans ma cervelle et je ne pouvais l'en chasser. Quand nous nous arrêtions dans une gare et que je voyais les pauvres diables de rappelés assis sur leurs sacs, attendant tristement le passage du train omnibus qui devait les emporter, cette satanée phrase me revenait sur les lèvres, et j'étais obligé de faire effort pour ne pas chantonner :

« Pars pour la Crète. » Au reste, mon chant se serait perdu dans le formidable vacarme qui m'accompagna de Tarbes à Paris ; il faut avoir entendu brailler la *Marseillaise* et les *Girondins* pour savoir que la voix de l'homme a plus de puissance que le tonnerre ; quand nous brûlions une station pleine de soldats, leurs vociférations faisaient trembler les vitres de nos wagons, et nous étions déjà loin que nous entendions encore leurs chants. Je ne m'étais pas imaginé qu'on pût voir pareil désordre, et pareil encombrement d'hommes ; les gares d'embranchement surtout présentaient un spectacle inouï de confusion ; car ce flot humain ne se dirigeait pas tout entier vers la frontière de l'Est ; seuls les régiments organisés suivaient cette route, tandis que les hommes isolés, divisés en un nombre infini de courants contraires, rejoignaient leurs dépôts, les uns venant du Nord pour aller au Midi, les autres venant du Midi pour aller au Nord. En rappelant mes souvenirs aujourd'hui, je me demande s'il est possible que j'aie vu tant d'hommes ivres, et il me semble que ces souvenirs sont ceux d'un cauchemar plutôt que ceux de la réalité.

C'étaient là mes camarades, et désormais j'allais vivre avec eux.

Alors la responsabilité de mon coup de tête me

pesait sur la conscience. Ah! si je m'étais engagé par devoir, par patriotisme, par conviction! Mais il n'en était pas ainsi : c'était par amour, pour plaire à Suzanne. J'avais voulu lui dire : — Voilà ce que j'ai fait pour vous, que ferez-vous pour moi? — Et maintenant je me demandais ce qu'elle ferait, car elle n'avait pas pris d'engagement envers moi. Sans doute si je revenais à trente ans général comme Bonaparte, je l'entraînerais dans mon rayonnement; mais si je revenais brigadier ou maréchal des logis? si je revenais avec le nez coupé ou la mâchoire cassée?

Placé entre ces inquiétudes à mon point de départ et la douleur que j'allais apporter à ma mère à mon point d'arrivée, je n'étais pas dans des dispositions à voir les choses en rose.

Qu'allait-elle dire, la pauvre femme, en apprenant ma résolution, elle qui avait toujours eu tant de frayeur et tant de dégoût de la guerre? Je n'avais point osé lui écrire, et je ne lui avais même pas envoyé de dépêche pour la prévenir de mon arrivée, comptant que dans le premier mouvement de la surprise, il me serait plus facile de lui glisser cette grave nouvelle.

Mais je ne la surpris point. Après le premier trouble de joie de notre embrassement, elle me regarda dans les yeux, tendrement, tristement :

— Tu viens me voir pour une cause grave, n'est-ce pas? dit-elle.

— Mais maman...

— Je t'attendais.

— Tu sais donc?

— Rien ; mais quand j'ai appris cette déclaration de guerre, j'ai eu le pressentiment qu'elle te prendrait.

Je profitai de l'occasion qui s'offrait pour montrer la dépêche de M. de Saint-Nérée. Ma mère la lut sans rien dire, mais lorsqu'elle me la rendit, je vis des larmes dans ses yeux.

— Pardonne-moi cette faiblesse involontaire, mon cher enfant, je ne suis qu'une femme, et il y a des sentiments que les femmes n'éprouvent pas comme les hommes; me dévouer à ceux que j'aime, voilà toute ma vie, mais je sais que pour vous il y a d'autres devoirs. Je pense que si ton pauvre père était là, il te dirait que tu as bien fait, je ne peux donc pas te dire, moi, que tu as eu tort. Il y a du sang de soldat dans tes veines et le soldat doit suivre son drapeau quand il est engagé. Je sais ce que ton père pensait là-dessus, tu es son fils, et sans avoir reçu ses leçons tu te trouves tel qu'il aurait voulu te voir. Ne t'inquiète pas, ne te tourmente pas de mon premier mouvement d'émotion ; ma maternité ne se placera jamais entre toi et le devoir.

Chère mère, si elle avait su combien peu le devoir avait eu part à ma détermination, et combien peu j'avais pensé à la patrie ! Mais à qui la faute ? J'appartiens à une génération qui n'a point été élevée dans la pratique des vertus patriotiques, et ces vertus ne surgissent point des cœurs du jour au lendemain. On aime sa patrie quand on la sert comme on aime sa terre quand on la cultive de sa propre main. Pendant vingt années d'empire, ce n'est pas le peuple français qui a cultivé la France, il avait affermé son champ et il vivait en propriétaire qui n'a d'autre souci que de bien vivre : le suffrage universel employé à ne donner de temps en temps que des quittances ne pouvait pas le tirer de cette apathie.

— Enfin, reprit ma mère, ce qui me soutiendra pendant cette guerre, ce sera de penser que tu es sous les ordres d'un honnête homme. C'est un bonheur pour moi que M. de Saint-Nérée soit colonel du régiment de ton père : il reportera sur toi, j'en suis bien certaine, les sentiments qu'il avait pour son ami.

Il était dans le caractère de ma mère de ne pas

parler de ce qui la faisait souffrir ou l'inquiétait. Jusqu'au soir notre journée se passa sans qu'il y eut entre nous un seul mot d'échangé sur mon départ. Elle voulut me faire visiter les travaux qu'elle avait entrepris, et je la suivis au milieu des ouvriers; on eût dit, à nous voir, que nous faisions une promenade que nous recommencerions le lendemain.

— Tu verras à ton retour, me disait-elle.

En marchant ainsi dans les prairies dont on fanait les foins, nous arrivâmes à une petite maison qui depuis longtemps n'était plus habitée. Je fus surpris d'y trouver des menuisiers qui réparaient les boiseries, et je demandai à ma mère si elle avait un locataire.

— Non, dit-elle, c'est pour moi : dans quelques années tu te marieras, tu reviendras, je l'espère, à Courtigis, je veux avoir un coin pour me retirer; il est mauvais que deux femmes vivent sous le même toit; ta femme, je crois, m'accepterait, mais bientôt je la ferais souffrir, j'ai mes habitudes, mes idées qui ne seraient pas les siennes, et puis je ne saurais pas oublier de commander. Ici, je serai avec vous, sans être chez vous. De mes fenêtres, je verrai les vôtres et saurai quand je pourrai venir sans vous gêner : quand les enfants feront trop de bruit chez vous, vous me les enverrez.

Ma plume tremble dans ma main en rappelant ces souvenirs. Tranquillité du foyer, richesse des campagnes, fleurs des jardins, projets d'avenir, regards d'une mère, comment supposer que je ne vous retrouverais pas, et que quand je reviendrais dans ce pays, le cœur de la France, la guerre l'aurait écrasé ?

Ce fut le soir seulement que nous rentrâmes dans la réalité de la situation et qu'il fut question de mon engagement. Ma mère avait fait prier à dîner mon ancien précepteur, le petit père Chaufour, qui, depuis mon émancipation, vivait tranquillement à Courtigis dans le commerce de ses livres. Nous le vîmes arriver portant sous son bras un gros rouleau de papier blanc qu'il déposa précieusement sur une console.

— Qu'avez-vous donc là-dedans? lui dis-je.

— La carte que vous allez écrire avec vos sabres et vos chassepots, la carte définitive de l'Europe. En apprenant cette déclaration de guerre, je me suis mis au travail, et voici les Etats tels que vous devez les constituer.

Il nous déroula sa carte et nous montra une France rose qui s'étendait jusqu'au Rhin; la Prusse bleue ne descendait plus que jusqu'au Weser, et à partir de ce bleu jusqu'aux montagnes du

Tyrol et de la Bohême s'étalait une grande Allemagne jaune.

— Pour que cette carte fût absolument définitive, continua-t-il, il faudrait qu'elle comprît la Pologne, quelques provinces de la monarchie autrichienne et la Turquie d'Europe ; mais ce sera pour plus tard, chaque chose vient en son temps ; aujourd'hui l'occasion se présente de régler le sort de l'Europe centrale, réglons-le.

— Eh quoi ! interrompit ma mère, vous voulez que la France s'empare des provinces rhénanes ; vous le républicain, vous l'homme du droit ! si tel est votre but, celui de la Prusse pourra être tout aussi justement de vous prendre l'Alsace et la Lorraine.

— Comptez qu'elle ne manquera pas de le faire si la victoire est pour elle, tandis que la France, si grands que puissent être ses succès, ne demandera jamais Bade ou la Hesse. Quant au Rhin, si nous le prenons, c'est bien plus en vertu d'une nécessité que d'un droit ; le Rhin entre les deux peuples empêchera la France d'entrer en Allemagne, comme il empêchera l'Allemagne d'entrer en France. C'est comme instrument de paix, et d'une paix durable, que je le réclame.

Le dîner arrêta cette discussion géographique,

mais il ne changea pas le sujet de la conversation. De quoi parler sinon de la guerre? depuis la cuisine jusqu'au salon, depuis la chaumière jusqu'au château, tout le monde était sous le coup de cet événement; les hommes qui n'avaient pas fini leur temps étaient déjà partis, on organisait la garde mobile, et il n'y avait pas dans le village de famille qui ne fût atteinte. D'ailleurs, alors même que M. Chaufour eût voulu imiter la réserve de ma mère, je ne lui en aurais pas laissé la liberté. Malgré sa manie géographique, dont on pouvait rire, il était impossible de ne pas reconnaître sa compétence dans ces questions politiques et historiques qui avaient été l'étude de sa vie entière, et je voulais le faire parler.

— Figurez-vous, dit-il, qu'on m'accuse dans le pays d'être Prussien; parce que je me suis permis de dire que cette guerre m'inquiétait, le maire et deux ou trois autres gens de sa force me reprochent d'être un mauvais Français; croire que cette campagne sera rude et difficile, c'est douter de la France; il y a quelques jours tout le monde blâmait cette guerre, personne n'en voulait, personne ne croyait qu'elle fût possible, moi excepté; aujourd'hui que la trompette a sonné, tout le monde accourt dans les rangs; vraiment le Français est un cheval de bataille, et Rouget de Lisle a résumé notre caractère national dans un mot : « Marchons! marchons! » Savez-vous pourquoi vous marchez, au moins, et pour qui?

— Pour savoir si le fusil de M. Chassepot vaut mieux que celui de M. Dreyse.

— Vous plaisantez, mon cher Louis, et cependant cette raison que vous indiquez en riant poussera plus d'un régiment à la bataille : de même que le désir de tirer vengeance de Waterloo ou de prendre la revanche de Sadowa déterminera plus d'une conscience honnête. Mais en réalité vous allez vous battre parce que le gouvernement prussien et le gouvernement français sont obligés à la guerre sous peine de mort.

— Comment cela?

— Le but du gouvernement prussien, depuis que M. de Bismarck le dirige, est d'absorber l'Allemagne; cette absorption est commencée, mais elle ne se fait pas vite; à l'exception de Bade, les États du Sud résistent et ne veulent pas se laisser dévorer par l'ogre de Prusse; pour vaincre leur résistance, il faut des dangers communs; et c'est la peur de la France qui seule peut fonder la patrie allemande, c'est-à-dire l'empire prussien. Cela est clair, n'est-ce pas?

— Parfaitement.

— Le gouvernement français, lui, n'a l'autre but que de vivre, et c'est sur la guerre qu'il compte pour prolonger ses jours. A bout de forces et de remèdes, il s'est adressé (sans avoir confiance en lui) au libéralisme, comme on s'adresse au charlatanisme quand la médecine est impuissante à vous galvaniser. Mais bien que le médicament n'ait été pris qu'à dose infinitésimale, il menace d'emporter le moribond. Il faut échapper à l'agitation qui s'est produite depuis six mois : et l'on espère avec un peu de gloire retrouver un peu de forces. Quand, d'un côté comme de l'autre, on est dans ces dispositions, il est bien difficile qu'une guerre désirée par les deux parties n'éclate pas. C'est une aventure, direz-vous, et pourquoi pas, puisqu'elle est engagée par des aventuriers? que leur importe le monde, pourvu qu'ils triomphent? Tout leur est bon, il ne leur faut qu'un prétexte. J'ai cru, je l'avoue, que l'empereur serait le maître dans ce genre d'habileté. Je m'en tenais là-dessus à la réputation de Machiavel couronné qu'il a su se faire attribuer, mais je me trompais. M. de Bismarck a été plus fin, et en mettant les apparences de la provocation du côté de la France, il a groupé l'Allemagne. Maintenant, le tour est joué, l'unité allemande est faite; parviendrez-vous à la détruire? tout est là.

— Doutez vous du succès?

— J'ai peur que le régime impérial n'ait accompli son œuvre de corruption dans l'armée, et qu'elle n'ait subi la contagion. Si cette armée qui fait trembler l'Europe n'avait plus que l'apparence de la puissance? C'est là mon angoisse, et cependant, j'ai tant de confiance dans nos qualités militaires, que je ne peux pas écouter ces raisonnements pessimistes, fondés sur des inductions, non sur des observations. Notre gouvernement, lui, possède ces observations qui me manquent; et s'il déclare une guerre qui menaçait depuis plusieurs années, mais qui pouvait être encore retardée, c'est qu'il est sûr de la mener à bien : il doit être prêt, ou alors il est fou. Le malheur est que s'il connaît nos ressources il doit mal connaître celles de l'Allemagne; parce que les journaux allemands sont généralement hostiles à l'empereur et à sa famille, le représentant, lui, sous les aspects les plus grotesques, et faisant du prince Napoléon un lièvre, de la princesse Mathilde un autre animal que je ne veux pas nommer, on les arrête à la frontière, et nous restons dans l'ignorance de ce qui se passe au-delà du Rhin, car ce ne sont pas les gens qui vont à Bade ou à Hombourg qui peuvent nous l'apprendre.

J'avoue que ces paroles me frappèrent fortement; mais le spectacle auquel j'assistai le lendemain à Paris dissipa bien vite l'impression d'inquiétude qu'elles m'avaient causée. En voyant les régiments en tenue de campagne se diriger vers la gare de l'Est, musique en tête, pleins d'entrain et de belle humeur, accompagnés par la foule qui les acclamait au passage ou leur faisait la conduite; en entendant partout la *Marseillaise* et les cris : « A Berlin », je me dis que ce peuple si corrompu qu'il fût avait cependant conservé l'enthousiasme de la guerre; il s'était endormi, il n'était pas mort : c'était le réveil.

Les trains ordinaires, à l'exception d'un seul, ayant été supprimés sur la ligne de l'Est, au profit des transports de la guerre, c'était une affaire pour un simple pékin qu'un voyage à Nancy. Quel entassement, quelle confusion dans la gare et aussi quelles scènes d'adieux ! jamais je n'avais vu autant de femmes en larmes, d'honnêtes femmes qui embrassaient leurs maris, de cocottes qui se séparaient de leur sous-lieutenant.

Je ne parvins à m'introduire dans un compartiment qu'après une discussion avec les officiers qui l'occupaient déjà : de quel droit un individu qui ne portait pas l'uniforme venait-il prendre place parmi eux ? il y avait déjà un civil dans un coin, un second civil, c'était trop.

Lorsque nous fûmes en route, les conversations s'engagèrent :

— Où vas-tu ? demanda un lieutenant d'état-major à mon voisin de droite, qui était lieutenan d'infanterie.

— A Metz...

— A Metz?

—Non, pas à Metz la ville, mais à un village dont le nom commence par Metz, comment diable se nomme-t-il ? Tu n'as pas une carte ?

— J'ai une carte d'Allemagne dans ma valise.

— C'est une carte de France qu'il faudrait. Ces messieurs n'ont pas une carte ?

Personne n'en ayant, je me permis de prendre la parole.

— C'est peut-être à Metzerwisse que vous allez ?

— Précisément.

— Où prends-tu ça Metzerwisse ?

— Aux environs de Metz, je pense. Je descendrai à Metz.

— Vous ferez mieux d'aller jusqu'à Thionville, dis-je encore, attendu que Metzerwisse est à vingt-cinq kilomètres de Metz et à quelques kilomètres seulement de Thionville.

— Et toi, où vas-tu? demanda le lieutenant d'état-major à son ami.

— A Grosstenquin.

— Et où est-ce, ton Grosstenquin?

— Ma foi, je n'en sais rien, je demanderai à Metz, tout ce que je sais, c'est que ce n'est pas sur la ligne du chemin de fer.

— Monsieur connaît peut-être Grosstenquin? me dit le lieutenant d'état-major d'un air goguenard.

— Je sais que c'est à quatre ou cinq kilomètres de Faulquemont, voilà tout; Faulquemont est une station de la ligne de Metz à Forbach.

— Monsieur est géographe?

— Mon Dieu non, j'ai seulement étudié la géographie autrefois.

Ma réponse était plus roide que je n'aurais voulu; mais cela me paraissait si fort qu'un officier d'état-major ne sût rien d'un pays où il allait peut-être diriger nos troupes, que je ne pus la retenir. Au reste, elle n'eut pas d'autre résultat que d'amener un moment de silence qui ne fut que de courte durée; bientôt la conversation reprit, et chacun exposa son plan de campagne. Les routes et les moyens différaient, mais le but était le même pour tout le monde : dans huit jours à Mayence, dans trois semaines à Berlin.

— J'ai de bonnes raisons de croire, dit le lieutenant d'état-major, qu'à l'heure présente le maréchal Mac-Mahon passe le Rhin au-dessous de Strasbourg et forme un corps détaché qui par Fribourg pénètre en Wurtemberg et en Bavière ; le Sud de l'Allemagne nous attend. En même temps nos troupes forcent la frontière sur la rive gauche du Rhin, et les Prussiens sont balayés jusqu'à Mayence.

Il y avait dans un coin un officier d'état-major des places, qui jusque-là n'avait pas dit un mot ; c'était un bonhomme à moustaches grises, boitant d'une jambe, et portant lunettes.

— Messieurs, dit-il, je ne voudrais pas arrêter votre élan, mais cependant je voudrais vous avertir que vous partez pour la guerre et non pour la victoire. Vous ne savez pas à quels ennemis vous allez avoir affaire. La lutte que nous entreprenons sera terrible, le monde sera étonné.

— Pour moi, ce qui m'inquiète, dit le voyageur qui était en civil, c'est de savoir comment nous garderons les lignes de chemin de fer jusqu'à Berlin. La guerre ne va pas se faire comme elle se faisait autrefois : la consommation seule des munitions sera énorme et demandera des moyens de transport inconnus jusqu'ici ; on ne fera pas l'approvisionnement comme autrefois avec des voitures, on le fera avec les chemins de fer qu'il faudra garder, car ils seront la force et le salut de l'armée. Or, de la frontière à Mayence nous avons 27 milles allemands, de Mayence à Berlin nous avons environ 82 ou 83 milles : 83 et 27 font 110 milles, autrement dit 825 kilomètres ; combien faut-il d'hommes pour garder un kilomètre de chemin de fer, je n'en sais rien, mais mettons cent hommes, cela fait 80,000 hommes rien que pour assurer nos approvisionnements.

Une discussion s'engagea sur le chiffre d'hommes, et j'appris alors que ce civil qui parlait si bien des choses de la guerre était un ingénieur. Cela me fit plaisir.

— Puisque cet ingénieur, me dis-je, a si bonne assurance d'aller à Berlin, il faut le croire. Ce n'est pas un militaire, une culotte de peau, il connaît son affaire.

L'officier d'état-major des places combattit ce raisonnement et ces chiffres ; on ne gardait pas une ligne de chemin de fer en pays ennemi par kilomètres, avec des hommes alignés de la frontière à Berlin, comme des cantonniers ; puis il revint à ses avertissements ; nous allions trop vite. Avant d'entrer à Berlin, il fallait entrer dans les provinces rhénanes, des provinces rhénanes passer en Allemagne, et nous n'en étions pas là. Il avait été en Autriche, il avait assisté à la campagne de 1866, en Bohême, et il ne fallait pas croire que les Prussiens étaient si faciles à battre. L'armée autrichienne était excellente, et elle avait été battue à Sadowa.

On ne l'écouta plus, et à Châlons le lieutenant d'infanterie fit une proposition que nous acceptâmes tous.

— Messieurs, dit-il, puisqu'il y a maintenant de caisses vides, je propose que nous abandonnions notre raisonneur à lunettes. Il est insupportable ce vieux-là. Voilà le type des officiers prétendus piocheurs qui démoralisent une armée. Je parie que celui-là est un enfant de troupe, fils du sellier ou du tailleur du régiment. Il aura travaillé, travaillé, et voilà. Il compare les Français aux Autrichiens.

A l'unanimité cette motion fut adoptée, et le vieux raisonneur fut abandonné à sa mauvaise humeur.

## V

Le hasard permit que mon compagnon de voyage, le lieutenant d'état-major, eût le caractère fait de telle sorte qu'il prit du bon côté la réponse qui m'avait échappé. Il ne savait pas la géographie, eh bien après, son ignorance n'était-elle pas toute naturelle, tandis que mon pédantisme à moi n'était-il pas parfaitement ridicule? Ce sentiment intime de supériorité qu'il lui plut de se reconnaître le disposa bien en ma faveur, et en arrivant à Metz il se mit à ma disposition pour m'aider à trouver mon régiment; ce qui n'était point une petite affaire.

A l'armée du Rhin, m'avait dit M. de Saint-Nérée.

Mais où était l'armée du Rhin? A Bitche, à Metz, à Strasbourg, à Belfort? Les renseignements étaient contradictoires; heureux encore quand on ne rencontrait pas des gens qui vous affirmaient sérieusement qu'elle était en Allemagne, en train de prendre de bonnes positions pour gagner une bataille, au moment où l'empereur ferait son arrivée triomphale.

— Notre concentration s'est opérée avec une activité dévorante, disait-on; nous avons quinze jours d'avance sur les Prussiens, nous serons à Francfort qu'ils n'auront pas seulement quitté Berlin.

— Ils n'ont pas besoin de le quitter, on ira les y trouver.

En écoutant ces discours j'étais pris de remords d'avoir perdu du temps à Courtigis et à Paris; si j'allais arriver trop tard pour le premier coup de sabre! L'enthousiasme militaire, qui au début n'était pas bien vif chez moi, m'avait peu à peu gagné, je ne rêvais que de Prussiens mis à mort de ma main.

— Au quartier général, nous saurons où est votre régiment, me dit mon lieutenant, venez avec moi, car avec votre costume civil vous pourriez vous promener longtemps avant de trouver quelqu'un à qui parler.

Comme il avait des amis à l'état-major, nous trouvâmes immédiatement ce quelqu'un; mais parler et répondre font deux.

— Vous appartenez au général Cordebugle?

— Et où est le général Cordebugle, s'il vous plaît?

— Il appartient à la division Bonpetit.

— Et où est est la division Bonpetit?

— A Belfort.

— Mille remercîments; je pars pour Belfort.

— Attendez, dit un autre officier qui paraissait faire des recherches dans un entassement de papiers, le général Cordebugle a dû être envoyé au premier corps avec ses deux régiments.

— Alors où est-il?

— A Strasbourg ou aux environs.

— Pas du tout, dit le premier officier qui nous avait répondu, je me rappelle maintenant qu'il y a eu contre-ordre; s'il a quitté Belfort il doit être en route pour rejoindre le quatrième corps.

— C'est impossible, dit mon lieutenant: s'il était au quatrième corps je le saurais; nous n'avons pas le général Cordebugle.

Ayant peur de lâcher quelque sottise devant des gens qui paraissaient si bien connaître leur affaire, je gardai un silence prudent, me disant tout bas qu'un régiment ne devait pas s'égarer en chemin de fer comme un colis et qu'on finirait toujours par retrouver le mien.

— Vous êtes très-occupés? dit mon lieutenant.

— Nous en perdons la tête, nous ne nous sommes pas couchés depuis trois nuits : ce sont les ordres et les contre-ordres de Paris qui brouillent tout.

— Alors, nous ne sommes pas prêts?

— Prêts; ah! mon pauvre ami, vous n'avez pas idée du gâchis de l'intendance; les régiments arrivent, ils n'ont ni cantinés, ni ambulances, ni voitures d'équipages, ni campement, ni tentes-abris, ni couvertures, ni bidons, rien; on les envoie dans une place, ils n'y trouvent ni infirmiers, ni ouvriers d'administration, ni caissons d'ambulance, ni fours de campagnes, ni train, rien; les troupes nombreuses campées en ce moment sous Metz sont obligées pour vivre de consommer le biscuit qui devait servir de réserve, et tout le monde nous tombe sur le dos.

— Enfin, dit mon lieutenant, tâchez donc de venir en aide à M. d'Arondel.

— Très-facile, que monsieur veuille bien repasser ce soir.

J'étais résolu à subir ce retard, mais mon lieutenant me fit changer d'avis.

— Si j'étais à votre place, me dit-il, je ne reviendrais pas ce soir, mais j'irais tout de suite à Belfort.

— Et si mon régiment est à Strasbourg ou à Bitche?

— J'irais à Strasbourg ou à Bitche; c'est encore le plus court.

— Vous croyez?

— J'en suis sûr.

Le lieutenant me paraissait connaître les rouages de la machine qu'il était chargé de tourner, je n'insistai point et partis pour Belfort.

C'est une remarque vieille comme le monde que le patriotisme est plus ardent sur les frontières qu'au centre d'un pays; j'eus la confirmation de cette vérité en traversant la Lorraine. A Paris j'avais vu les manifestations et les acclamations bruyantes de la foule; sur la route j'avais vu les gares encombrées de curieux qui venaient regarder le passage des trains militaires, mais de Metz à Belfort je vis mieux que des acclamations et de la curiosité. Ces populations des départements frontières avaient reçu, avec la déclaration de guerre, comme le contre-coup de la guerre elle-même; ce n'était pas seulement l'odeur enivrante de la poudre qu'elles avaient respirée, elles avaient senti aussi par avance l'odeur des incendies et les miasmes des champs de carnage. Les troupes qui passaient devant elles ne partaient pas seulement pour courir à Berlin cueillir une moisson de lauriers ; elles allaient, avant cela, défendre contre l'ennemi, à quelques lieues de là, leurs maisons, leurs biens et leurs enfants. Elles les connaissaient ces ennemis, elles les avaient déjà vus s'asseoir à leurs foyers, lorsque leurs pères vaincus, sous un autre Napoléon, n'avaient pu les défendre ; et çà et là, chaque jour, elles foulaient des buttes de gazon qui avaient des légendes qu'on racontait aux enfants. Depuis ces temps, moins éloignés pour elles que pour d'autres, elles avaient retrouvé ces insolents Prussiens dans les relations journalières, et connaissant leurs forces militaires, elles savaient que l'heure de la grande guerre était arrivée ; ce n'était point pour une promenade à Berlin que sonnaient les clairons, mais pour une lutte terrible. Où se passerait cette lutte ? Peut-être demain sur les bords du Rhin, peut-être dans un mois au milieu de leurs champs et de leurs forêts. Quel en serait le résultat ? Si la France se flattait de conquérir les provinces rhénanes, la Prusse espérait bien s'emparer des Vosges : c'était leur sort qui se jouait dans la partie qui s'engageait et dont elles étaient un des enjeux. De là, dans leur façon d'accueillir les soldats qui traversaient leurs villes comme leurs villages, un caractère particulier, une fraternité qu'on ne trouvait pas ailleurs. A Metz, à Pont-à-Mousson, à Nancy, à Vesoul, à Mulhouse et dans beaucoup d'autres gares, les habitants avaient organisé des distributions de vivres; chacun avait apporté sa contribution en argent ou en nature : celui-ci cent sous pour acheter du tabac, celui-là le jambon qui s'enfumait dans la cheminée en attendant le jour de la fête paroissiale où l'on devait le manger entre amis; mais ceux-là qui portaient le sac au dos n'étaient-ils pas des amis?

Lorsqu'un train militaire était signalé, ou que le sifflet rauque des grosses machines qui le remorquaient annonçait son approche, on courait à la gare, et en descendant sur le quai les soldats trouvaient des femmes, des jeunes filles, des sœurs de charité qui, dans des corbeilles, leur offraient du pain, des charcuteries, des cigares, du tabac, ou d'autres encore qui emplissaient les bidons de vin, de bière, de café. Avant l'arrêt du train, les zouaves sautaient de leurs wagons enguirlandés de feuillages, et engouffraient les provisions dans les poches de leurs larges pantalons, profondes comme des abîmes sans fond. Roides et graves comme des statues de bronze, les turcos attendaient qu'on allât à eux, et quand ils avaient compris qu'ils n'avaient qu'à prendre ce qu'on leur offrait, ils mettaient la main sur leur cœur et souriaient en montrant leurs crocs blancs. Tapageur, goualleur, farceur, le lignard faisait l'aimable, et prouvait sa reconnaissance par un mot drôle s'il le trouvait, ou par un pas de danse si sa soif trop souvent désaltérée lui avait laissé le plein usage de ses jambes : — « Merci, n'ayez pas peur, vive la ligne ! » Les clairons sonnaient, les machines sifflaient, personne ne bougeait jusqu'au moment où les sergents commençaient à lâcher des bordées de jurons, tandis que les officiers restaient impassibles comme s'ils ne pouvaient rien, à ce qui se passait sous leurs yeux. Cependant le convoi, rempli à la longue, ne partait pas ; on attendait un zouave qui courait après son chat ; le chef de gare, qui entendait les sifflets des trains signalés, s'arrachait les cheveux et faisait avec ses bras des signaux de désespoir.

A Épinal, je trouvai la gare occupée par une véritable armée de jeunes gens en blouse. On me dit que c'étaient les gardes mobiles du département ; ils étaient au nombre de plus de 4,000, et ils rôdaient dans la ville sans qu'on leur donnât des armes ou leur fît faire l'exercice ; leur seule occupation consistait à voir venir passer des troupes de ligne qui s'en allaient au feu, tandis qu'on les retenait dans le désœuvrement. Si j'ai noté ce fait, c'est qu'il me fit revenir sur l'héroïsme de mon engagement; je n'étais donc pas si utile à la France que je me l'étais figuré, puisqu'on laissait quatre mille de ses enfants sans leur mettre un fusil aux mains, bien que dans les journaux et au Corps législatif on dît partout que les gardes nationales mobiles de l'Est étaient parfaitement organisées.

Dans le même train que moi voyageait un général de brigade. L'ayant vu changer de ligne à toutes les bifurcations et prendre toujours celle que je prenais, il me vint à l'idée que c'était peut-être le général Cordebugle, qui rejoignait sa brigade; en le suivant, j'étais donc assuré d'arriver. Cependant, malgré mon envie de savoir si je ne me trompais pas dans ma supposition, je n'osai l'interroger. Mais à Belfort, après avoir inutilement cherché les chasseurs d'Afrique, que personne n'avait vus, le trouvant encore sur le quai de la gare, je m'enhardis :

— Pardonnez-moi, mon général, de m'adresser à vous sans vous connaître; vous n'êtes pas le général Cordebugle ?

— Non, monsieur; mais si je l'étais, que lui voudriez-vous ?

— Lui demander s'il sait où je pourrais trouver mon colonel.

— Vous êtes soldat, vous ?

— Oui, mon général, engagé volontaire, et mon colonel, M. de Saint-Nérée, en quittant l'Algérie, m'a donné rendez-vous à l'armée du Rhin ; je trouve partout l'armée du Rhin, mais nulle part je ne trouve mon régiment.

— Eh bien ! moi, monsieur, je ne trouve ici ni le commandant de mon corps, ni mon général de division, ni mes deux régiments et ne sais pas où les chercher.

— Merci, mon général.

— Il n'y a pas de quoi.

Comme je le saluais, il m'écarta vivement et courut à un gamin qui, accoudé contre le treillage, regardait le mouvement des machines, en balançant sur sa tête un shako dont il s'était coiffé.

— Où as-tu volé ce shako ?

— Je ne l'ai pas volé, je l'ai ramassé.

— Où çà ?

— Le long du chemin de fer. Les soldats en ont jeté plusieurs en passant.

— Et par où allaient-ils ces soldats ?

Le gamin étendit la main dans la direction de Mulhouse.

— Me voilà fixé, dit mon général. Grâce à ce shako qui porte le numéro d'un de mes régiments, je sais au moins qu'une partie de ma brigade a passé par ici ; je n'ai plus qu'à la chercher.

Comme je n'eus pas la chance de trouver le moindre objet d'équipement perdu ou jeté par mon régiment, je dus continuer mon voyage de découverte. Les employés du chemin de fer qui voulaient bien me répondre étaient incapables de se reconnaître dans le défilé fantastique qui leur avait passé devant les yeux. Des chasseurs d'Afrique, ils ne savaient pas ; ils avaient vu de l'infanterie, de l'artillerie, du train, des cuirassiers, des hussards, des lanciers, un flot humain intarissable, mais tout cela se brouillait dans leur tête.

A Strasbourg je trouvai des dragons, à Haguenau des cuirassiers, à Sarreguemines des chasseurs, des lanciers, des hussards, nulle part je ne trouvai des régiments de la brigade Cordebugle, et je reviens à Metz après avoir fait le tour de l'Alsace et de la Lorraine, sans en savoir plus que lorsque j'étais parti.

Je retournai au quartier général.

— Vous avez été un peu long à venir chercher votre renseignement, me dit l'officier qui m'avait promis de s'occuper de moi ; votre régiment est à Belfort.

— J'en arrive.

— Vous ne l'avez pas trouvé; alors, c'est qu'il a filé sur Strasbourg.

— J'en arrive.

Nous nous regardâmes, et tous deux en même temps nous partîmes d'un éclat de rire.

— Ma foi, monsieur, me dit l'officier, je vous engage à rester à Metz et à revenir demain[1]. Mais, puisque vous avez fait cette tournée, trouvez-vous qu'on commence à se débrouiller?

— Je n'ai vu que des détails.

— C'est précisément par le détail qu'on juge juste.

— Les officiers se plaignent de manquer de tentes; les soldats n'ont ni gamelles ni marmites; j'ai vu faire des omelettes sur des couvercles de gamelles, et les renverser sur une tranche de pain.

— Oh! l'intendance!

— L'intendance dit que si elle n'envoie pas, c'est

[1] Je crois qu'un roman n'a pas besoin de marcher en s'appuyant sur des notes; cependant, comme on me fait observer qu'il est invraisemblable qu'un régiment se perde, je crois devoir citer ici une dépêche officielle; elle prouvera, une fois pour toutes et d'avance, que quand il y aura de l'invraisemblance dans ce récit, c'est qu'on aura dû se conformer à la stricte vérité :

« *Général Michel à Guerre. — Paris.*

Belfort, le 21 juillet 1870,
7 h. 30 m., matin.

« Suis arrivé à Belfort; pas trouvé ma brigade; pas trouvé général de division. Que dois-je faire? Sais pas où sont mes régiments. »

qu'elle n'a pas; on a expédié les régiments en toute hâte en leur assurant qu'ils trouveraient à Strasbourg ou à Metz, qui ont des arsenaux et des magasins, tout ce qui leur manque; ils trouvent les magasins et les arsenaux, mais il paraît qu'ils sont vides; il y a des bataillons qui n'ont pas pris le café depuis huit jours, parce qu'on ne peut leur donner des moulins.

— C'est le fait des économies que nos députés-épiciers ont imposées à la guerre.

— D'autres disent que c'est le fait du gaspillage et de certains virements de fonds.

— Peut-être bien l'un et l'autre.

— Alors nous ne sommes vraiment prêts que pour les boutons de guêtres.

— Tous ces petits inconvénients disparaîtront lorsqu'on marchera en avant : le mal vient en grande partie de ce que nous avons mis nos régiments en mouvement comme ils étaient, sans les compléter par les réserves et sans les fournir du nécessaire; cela se fait maintenant qu'ils sont en ligne ; de là un peu de désarroi. Peut-être les Prussiens, qui ont mis leurs régiments sur le pied de guerre dans leurs garnisons respectives, ont-il été plus habiles.

— Nos régiments auraient-ils trouvé dans leurs garnisons ce qui était nécessaire pour leur armement et leur équipement ; ne s'en est-on pas débarrassé en les expédiant au loin?

— Ah! voilà.

Obtenir une chambre dans les hôtels encombrés n'était pas facile, car il y avait des officiers qui couchaient dans les vestibules; cependant j'en vins à bout au moyen d'un procédé que je crois excellent : au lieu de m'adresser au maître d'hôtel lui-même, je promis au sommelier 10 francs par nuit, pour lui, s'il me donnait une chambre, et je payai cinq nuits d'avance. Je n'avais pas besoin de faire des économies, ma mère m'ayant remis des lettres de crédit pour une grosse somme.

Il y avait, ce jour-là, arrivée de quelques régiments de la garde impériale. J'allai les voir s'installer au Ban-Saint-Martin et au camp de Chambières. Je fus surpris de trouver à la suite une quantité de traînards ; pour avoir fait deux étapes, de Nancy à Metz, ce corps d'élite qui était la réserve et la ressource de la France, semblait fatigué ; il est vrai qu'il marchait avec un lourd paquetage sur le dos.

Mais ce qui me surprit bien plus encore, ce fut de me trouver, à cent lieues de Paris, en plein Paris, — en femmes je veux dire, en femmes d'un certain monde. Ces dames étaient venues pour faire leurs adieux à leurs vainqueurs. Je vis là un général promener à son bras, de bataillon à bataillon, une femme qu'un élève de Saint-Cyr n'eût pas osé saluer de la main sur le boulevard. J'eus bientôt retrouvé une douzaine de figures de connaissance et quelques amis, si bien que je restai au camp jusqu'au soir; cette vie militaire toute nouvelle pour moi allait être la mienne; avec des yeux curieux et étonnés je regardais les soldats piquer les tentes, allumer les feux et faire la soupe sur des fourches ou des pierres, il faudrait faire comme eux le lendemain et je serais bien gauche.

Parmi les femmes qui visitaient le camp, j'en vis une qui, ne ressemblant en rien aux figures parisiennes, produisait une véritable sensation sur son passage. Elle était d'une beauté remarquable, à la fois pleine de force et de grâce, le vrai type d'une Anglaise belle avec ces yeux noirs, qui sur une carnation rose sont d'un effet si saisissant. Elle paraissait âgée de vingt-deux à vingt-trois ans, mais malgré sa jeunesse et sa beauté, elle passait au milieu des groupes d'officiers avec une démarche naturelle et assurée qui en disait plus que longues explications sur son caractère résolu. Un domestique la suivait à trois pas de distance; un superbe colosse comme on en voit seulement sous les vestibules de Grosvenor, et qui sont des enseignes vivantes de respectabilité et de fortune pour la maison qu'ils honorent de leur prestance décorative. Quelle était cette jeune femme, cette jeune fille? Une Anglaise assurément; mais les yeux, si grands que fût leur curiosité, n'en pouvaient apprendre davantage. On s'interrogeait en la suivant; personne ne la connaissait. Un officier de guides plus entreprenant que les autres s'avança vers elle dans l'intention de l'aborder; il arrondissait déjà le bras lorsqu'elle le regarda de telle sorte qu'il s'arrêta; alors le colosse, qui avait diminué la distance le séparant de sa maîtresse, revint à ses trois pas en arrière.

En rentrant le soir à l'hôtel, je trouvai que ma diplomatie, ou, ce qui est plus vrai, ma corruption, avait réussi: une chambre m'avait été préparée, et en me mettant à ma fenêtre, j'aperçus ma belle Anglaise à quelques pas de moi; elle occupait un appartement dans un petit bâtiment en retour d'équerre qui renfermait au rez-de-chaussée une remise et un magasin à fourrage. Accoudée sur son balcon, elle regardait le mouvement de la cour, qui était réellement étrange: chevaux d'officiers, plantons, voitures, ordonnances, c'était un tohu-bohu assourdissant.

J'avais plusieurs lettres en retard, je me mis à les écrire, et à chaque fois que je levais la tête pour tremper ma plume dans l'encrier, j'apercevais la jeune Anglaise toujours appuyée sur son balcon. Vers minuit, cependant, elle ferma sa fenêtre, et bientôt sa lumière disparut. Je ne sais trop pourquoi, mais cela me fit plaisir, j'aurais été fâché qu'elle reçût quelqu'un.

J'écrivis jusqu'à une heure à peu près, puis quand j'eus terminé ma lettre à Suzanne, qui était longue, j'allai à ma fenêtre pour prendre l'air et me rafraîchir un peu. La cour, quelques instants auparavant bruyante, était maintenant silencieuse ; tout le monde dormait.

Quand je dis tout le monde, cela n'est pas absolument exact, car je vis bientôt une espèce de palefrenier qui se dirigeait vers le magasin à fourrage; il était ivre à ne pas tenir debout, et, dans l'obscurité, je suivais les zigzags lumineux de sa pipe, rapides et changeants. Combien de temps resta-t-il dans le magasin? Je n'en sais rien, car si mes yeux l'avaient machinalement observé, mon esprit était ailleurs. Tout à coup je vis sortir une longue flamme par la porte qui était restée ouverte, et instantanément un tourbillon de feu et de fumée : il avait enflammé la paille, et comme il soufflait un vent frais, le courant d air avait activé l'incendie.

Et l'Anglaise qui était précisément au-dessus de ce magasin ; déjà les flammes dépassaient son bal con. Instinctivement, sans penser à appeler du secours, j'enjambai ma fenêtre qui était de niveau avec celle du bâtiment en retour d'équerre, et sautai sur un palier qui desservait la chambre de l'Anglaise.

Je frappai fortement à la porte.

— *What is there?* dit une voix endormie.

— Le feu est à la maison, dis-je en anglais ; vite, ouvrez vite.

Quelques secondes s'écoulèrent avant que la porte s'ouvrît, et les tourbillons de flammes s'élevèrent au-dessus du toit ; les vitres de la fenêtre éclatèrent. Pendant ce temps, l'alarme se répandit dans la maison.

Enfin la porte s'ouvrit et la jeune femmes parut.

— Descendez vite, madame.

Nous descendîmes dans la cour ; déjà les secours s'organisaient. On fut bientôt maître du feu ; mais le bâtiment entier fut brûlé.

Alors, quand le danger eut disparu, la jeune femme me demanda comment le feu avait commencé. Je lui fis mon récit.

— Je ne saurais vous exprimer, dit-elle en français, combien je vous suis reconnaissante de n'avoir pas attendu le moment où il aurait fallu m'emporter à travers les flammes.

Et elle me tendit la main.

— Monsieur? demanda-t-elle.

— D'Arondel.

— Miss Harriet Clifton.

## VI

Le lendemain j'eus enfin le plaisir d'apprendre que mon régiment n'était pas perdu : dirigé d'abord sur Vesoul, ensuite sur Strasbourg, il avait été définitivement appelé à Metz où il devait arriver prochainement.

Je n'avais donc qu'à l'attendre au passage; je m'arrêtai à ce conseil, de sorte que pendant les quelques jours que je passai à Metz dans le désœuvrement, je pus faire plus ample connaissance avec miss Clifton, et aussi voir un peu ce qu'est une armée en campagne, ce dont je ne me doutais guère.

Miss Clifton était une Anglaise orpheline et riche qui était venue à Metz pour accompagner l'armée et soigner les blessés. Au moment de la déclaration de la guerre, elle se trouvait au Caire achevant ses préparatifs pour faire une expédition dans la haute Égypte et la Nubie jusqu'à Kartoum ou même Gondokoro si cela lui était possible. Elle n'avait pas la prétention de chercher les sources du Nil, mais elle avait la curiosité de voir comment il se forme de la réunion du fleuve Bleu et du fleuve Blanc. Cela la distrairait ou tout au moins l'occuperait d'une façon intelligente : elle était active de cette activité anglaise qui aime l'effort pour l'effort, elle voulait user dans des voyages l'exubérance de sa force et de sa jeunesse. Mais en apprenant la déclaration de la guerre, elle avait changé de projet, et s'embarquant le jour même sur le bateau des messageries qui était en partance, elle était revenue en Europe « pour être utile. »

Mais en France, il ne suffit point de vouloir « être utile » pour pouvoir l'être ; c'est un monopole que se réservent les administrations. Dans l'armée, notamment, tout a été prévu et disposé à l'avance en vertu de règlements sacrés : un major et deux aides-majors pour les opérations, les musiciens pour rapporter les blessés qu'on peut tirer de la mêlée, — il n'y a rien à .a.re en dehors de cette règle; il ne faut pas croire avec quelques esprits chagrins que les médecins militaires qui ont passé vingt années de leur vie à ordonner l'eau de riz pour tout remède, sont au-dessous de la tâche qui leur est confiée, ils appartiennent à l'armée française et c'est tout dire; chacun sait en effet que l'armée française, depuis le général jusqu'au sapeur, est la première du monde; il y a soixante-dix ans que cela est ainsi, Marengo, Austerlitz, Solférino en sont les témoins.

C'étaient là les réponses sérieuses qui avaient été faites à miss Clifton, mais elle en avait reçu d'autres d'un genre tout différent, sans compter les sourires muets qui n'étaient que trop faciles à comprendre : — « Une femme jeune et belle, seule à la suite des armées, quelle excentricité! Mais peut-être l'excentricité n'était-elle ce après quoi elle courait. »

Elle ne s'était point fâchée, parce que se fâcher « n'est pas pratique; » mais elle n'avait pas non plus renoncé à son idée, car lorsqu'une idée s'était fixée dans sa cervelle saxonne, elle avait coutume d'en poursuivre l'exécution à n'importe quel prix.

— Messieurs, avait-elle dit aux personnages officiels auprès desquels on l'avait adressée, je souhaite que vous soyez aussi bien organisés pour guérir que vous paraissez l'être pour tuer; mais comme je me souviens de la Crimée, je suivrai votre armée quand même; si vous ne m'y aidez pas, ce que je vous demandais seulement, dans une bien faible mesure, j'espère que vous ne ferez rien pour m'en empêcher.

Alors elle ne s'était plus occupée que de faire aménager une solide petite voiture qui devait réunir dans ses coffres une pharmacie, un magasin de comestibles et une cave de liquides fortifiants. Pour conduire cette voiture, elle faisait venir d'Angleterre un homme de confiance qui lui amenait deux chevaux irlandais, de ces excellents chevaux résistants qui passent partout et n'exigent pas trop de soins. C'était sur l'un de ces chevaux qu'elle comptait faire la campagne; le second était pour son domestique qui devait marcher dans son ombre; paysan du Caernarvonshire, ce superbe colosse n'était pas seulement décoratif, il avait encore le mérite, utile pour une femme qui se lance dans pareille entreprise, de pouvoir assommer un bœuf d'un coup de poing.

En écoutant cette jeune fille au regard fier, mais à la parole simple, je ne pus m'empêcher de la comparer à Suzanne qui, enthousiaste de la guerre, restait à Tarbes, criant héroïquement : « Aux armes ! » et « Partons ! » Mais comme nous retrouverons souvent miss Clifton, je n'insiste pas sur notre première rencontre ; j'aurai plus d'une occasion de la faire connaître en la montrant telle que je l'ai vue sur les champs de bataille, et, pendant la campagne d'hiver à l'armée de la Loire d'abord, plus tard à l'armée de l'Est.

A moins d'avoir passé quelques jours à Metz à cette époque, on ne peut se figurer le spectacle que présentait alors cette ville ordinairement si paisible : les hôtels, les cafés, les places publiques, les rues, notamment la rue des Clercs, regorgeaient d'officiers de tous grades ; en une heure, au café de la Comédie, au café du Heaume, au café Français, on voyait défiler tous les uniformes, et, celui qui eût voulu noter les conversations qui s'échangeaient là devant une absinthe savamment frappée, eût fait une curieuse enquête sur l'esprit et les dispositions de l'armée, au moins dans ses chefs.

Comme je ne suis point observateur de mon métier, et, d'un autre côté, comme je n'ai pas le goût d'écouter aux portes, je ne saurais rapporter ces conversations d'une façon précise, c'est-à-dire honnête ; mais je retrouvai là plusieurs officiers que j'avais connus dans le monde parisien, et leur rencontre, à la veille des événements qui se préparaient, alors que j'étais comme tout le monde inquiet des choses militaires, produisit en moi une impression d'étonnement qui me troubla profondément.

Je ne savais rien de la guerre, mais d'instinct, je m'en faisais une grande, une très-grande idée : il me semblait que celui qui, chargé de l'honneur de son pays, tenait dans sa main deux ou trois cent mille soldats qu'il faisait manœuvrer à de longues distances, pour réunir leur masse sur un point donné et à une heure dite, ayant tout prévu, tout calculé d'avance, ses propres facilités aussi bien que les embarras de son adversaire, la solidité de cette route comme l'étroitesse de ce pont, la rapidité de ce commandant de corps ou la prudence de cet autre,—il me semblait que cet homme devait être aussi puissant par le savoir que par la volonté, aussi fort dans la conception que dans l'exécution. En même temps il me semblait aussi que l'officier placé sous ses ordres devait participer à quelques-unes de ces qualités.

Quand je racontai à mes amis l'histoire du lieutenant d'état-major qui ne savait pas où était Metzerwisse, je fus bien surpris de les voir me rire au nez :

— Et après! croyez-vous que ce lieutenant soit pour cela un mauvais officier; croyez-vous qu'il ne saura pas marcher de l'avant? A travers champ on finit toujours par rencontrer le Prussien; s'il vous attend vous le sabrez; s'il se sauve vous le suivez, c'est lui qui vous montre le chemin.

Je me promis de garder désormais mes observations pour moi, mais combien de fois, pendant ces trois jours, je me dis tout bas :

— Eh quoi! c'est ainsi que l'on s'en va-t-en guerre, sans plus de soucis, sans plus d'études! — En avant! tout est là.

Et cependant, malgré tout, je n'eus pas un moment la pensée que nous pouvions n'être pas vainqueurs.

Si je restais abasourdi en voyant des stratégistes faire des plans de campagne dans lesquels les montagnes, les rivières, les forêts, les routes, les chemins de fer n'entraient absolument pour rien; — si j'étais stupéfait en entendant les officiers de l'intendance se plaindre que tout manquait, provisions et munitions; — si j'avais honte de voir des officiers ne pas quitter le café de la journée et s'y faire apporter par les fourriers les livres d'ordres des compagnies; — si je ne pouvais comprendre qu'à la veille d'une lutte qui s'annonçait terrible, on passât son temps dans d'interminables conversations sur l'*Annuaire*, sur le dernier dessin du *Charivari*, sur les toilettes de madame celle-ci, ou de madame celle-là, sur la dix-huitième en pique du capitaine, je me disais que décidément la guerre n'était pas ce que je m'étais figuré, et qu'il devait en être chez les Prussiens comme il en était chez nous.

Quand je vis l'empereur arriver un soir à Metz, non à cheval, mais dans une calèche où il était assoupi, ressemblant plus à un vieillard épuisé qu'à un homme de guerre, je me dis encore qu'à la rigueur il pouvait en être ainsi, puisqu'à Fontenoy le maréchal de Saxe était mourant, ce qui ne l'avait pas empêché de gagner la bataille. Pourquoi du fond de son cabinet Napoléon III ne dirigerait-il pas son armée? S'il s'en était réservé le commandement, c'est que sans doute et contre les apparences, il était capable de l'exercer. Le roi de Prusse ne commandait-il pas en chef les armées de l'Allemagne? Et pour me rassurer tout à fait, je me répétai une anecdote que j'avais entendu raconter à Bade par un Russe célèbre dans la diplomatie. Le roi Guillaume, alors en villégiature à Bade, avait invité ce diplomate à dîner dans la maison plus que modeste qu'il habitait près de la Conversation. Il y avait quelques autres convives, et en entrant on avait déposé les chapeaux sur le billard. Après dîner, le diplomate russe, causant sérieusement avec M. de Bismarck, veut sortir pour être plus libre ; il passe par la salle de billard, et, apercevant un chapeau dont l'intérieur ressemble au sien, sans plus regarder, il s'en coiffe ; mais le chapeau, moitié trop petit pour sa tête intelligente et solide, reste sur le haut du crâne, sans pouvoir s'enfoncer.

— A qui donc ce chapeau d'oison? dit-il.

— Il ne peut être qu'au roi, répond en riant le premier ministre.

Je tâchais de me persuader que Napoléon valait Guillaume, ou que Guillaume ne valait pas mieux que Napoléon, lorsque je fis une rencontre qui m'inquiéta plus que ce que j'avais vu ou entendu depuis plusieurs jours.

Tous ceux qui ont vécu dans le monde parisien, il y a quelques années, ont connu l'Américain Lushington : c'était une sorte d'inspiré, de spirite, de médium, de saltimbanque, je ne saurais trop préciser, dont la réputation avait, pendant quelques années, balancé celle de Home le spirite, et celle d'Edmond le sorcier; il avait fait des prédictions qu'on disait merveilleuses, et des cures miraculeuses; rien qu'en vous effleurant de sa bague magique, il vous enlevait la migraine, et, s'il vous aimait, il pouvait vous montrer l'ombre de votre père ou vous faire faire fortune, selon que vous aviez des goûts mystiques ou pratiques; rien n'était impossible à sa puissance. Je l'avais beaucoup vu; et, je ne sais pas pourquoi, car j'étais vraiment indigne de son attention, il m'avait toujours témoigné un intérêt très-ostensible. Un soir, en sortant de mon hôtel, je me trouvai nez à nez avec lui.

— Eh quoi! vous à Metz! Voulez-vous vous engager dans l'armée française?

— Je puis lui rendre un plus grand service que cela, et au lieu de ma chétive personne qui, le fusil à la main, ne vaut qu'un, lui apporter un secours qui vaut deux cent mille hommes, avec un général de la taille de Napoléon Ier.

— Vous avez inventé mieux que la mitrailleuse ou le chassepot?

— Oui, j'ai beaucoup mieux; mais ce que j'ai, je ne l'ai point inventé : c'est mon pouvoir qui me l'a donné, ou tout au moins qui me l'a indiqué; car, si je l'avais en ma possession, je l'aurais déjà offert à votre pays; j'aime les Français, la France est le soldat de Dieu.

— Il paraît que maintenant il y a rivalité; le roi Guillaume dit que c'est la Prusse qui est notre remplaçant.

— Je puis changer cela.

— Vraiment?

Il secoua la tête d'un air important; puis après quelques instants, comme je ne l'interrogeais pas, il se pencha à mon oreille.

— L'empereur est à Metz, me dit-il.

— Je l'ai vu.

— Je vais à la préfecture; j'ai une proposition à lui faire qui peut sauver la France, car la France est menacée.

— Sérieusement?

— Très-sérieusement. Vous savez comment Napoléon Ier a été battu dans la campagne de Russie?

— Oui.

Il neigeait. On était vaincu par sa conquête.

— Ceci est la tradition poétique; mais la vérité est que Pozzo di Borgo était parvenu à s'emparer du talisman auquel Napoléon devait ses victoires, et que le talisman disparu, Napoléon était redevenu un homme comme les autres

— Ah! c'est là l'histoire vraie de la campagne de Russie?

— Et de Waterloo; mais je sais où est ce talisman, et je vais le proposer à Napoléon III.

— Il va vous recevoir

— Je l'espère; il ne sera pas assez fou pour refuser la fortune de la France et son propre salut, il connaît ma puissance et, plus d'une fois, il m'a prouvé sa confiance; son esprit nous est ouvert.

— Qu'il ait confiance en vous, je comprends cela, monsieur Lushington, mais dans le talisman?

— Il a déjà acheté celui de Charlemagne, ou plutôt il a cru l'acheter, car il n'en a eu que la copie. Je connais celui qui l'a fabriquée et l'a vendue.

— Et c'est cher, un talisman?

— Je ne sais pas le prix qu'on en demandera, car, je vous l'ai dit, il n'est pas entre mes mains; s'il y était, je l'offrirais à l'empereur par amour pour la France : peut-être celui qui le détient à cette heure le donnera-t-il; peut-être, au contraire, le fera-t-il payer très-cher.

— Eh bien, si c'était trop cher pour la fortune de la France, j'en ai un autre à vous proposer : la concurrence, vous le savez, fait la baisse des prix; c'est celui de Robert-le-Diable, il est au magasin des accessoires à l'Opéra, et je crois que M. Perrin le céderait à bon marché. Si celui-là était aussi trop cher, il y a encore celui du *Pied de Mouton*.

Je plaisantais, mais au fond du cœur j'étais indigné. Que Lushington se vantât en disant que l'empereur le recevrait et l'écouterait, c'était possible; mais j'étais honteux de penser que cette idée de talisman avait pu naître dans la cervelle de cet aventurier. Il y a de certaines propositions qu'on ne fera jamais à une honnête femme, comme il y en a d'autres qu'on ne fera pas à un homme sérieux; l'idée seule qu'ils peuvent les écouter est déjà un déshonneur pour eux. Si je n'aimais pas l'empereur je ne le haïssais point, et dans les circonstances suprêmes où nous étions, j'aurais voulu qu'il fût pour tout à la hauteur de son rôle. Jamais, assurément, l'intérêt général n'a été avec lui comme à cette heure; n'était-il pas l'épée de la France?

Heureusement l'arrivée de mon régiment m'arracha aux idées peu rassurantes qui, malgré moi, s'imposaient à mon idée.

Je trouvai mon colonel devant sa tente, assis sur une petite caisse et écrivant. Il me reçut à bras ouverts.

— Mon cher enfant, me dit-il, je fais pour vous une chose qui n'est pas régulière, mais nous vivons dans un temps où l'irrégularité est pratiquée par tout le monde; dans d'autres régiments on fait pour des gens qui ne vous valent pas plus que je ne fais pour vous; personne ne peut se plaindre. Vous êtes admis au régiment; que voulez-vous de moi?

— Un cheval et un uniforme.

— Bien, vous aurez tout cela ; j'ai pensé à vous ; maintenant voulez-vous que je vous garde près de moi?

— Mon colonel, je vous remercie; si heureux que je puisse être près de vous, ce n'est pas ma place; mettez-moi, je vous prie, où vous placeriez un soldat qui vous arriverait du dépôt, plein de bonne volonté, pas plus bête qu'un autre, mais gauche et ignorant.

— Vous êtes un bon garçon ; ne vous effrayez pas de votre gaucherie et de votre ignorance ; nous sommes en campagne, et avant que nous ne passions une grande revue à Berlin, vous aurez perdu cette ignorance. Vous savez monter à cheval mieux que n'importe qui dans le régiment; votre cheval manœuvrera pour vous : je vous en ai choisi un exprès pour cela. Maintenant, mon ami, est-ce que vous tenez à ces cheveux bouclés et cette barbe frisée?

— Mon Dieu non.

— Alors, faites-moi tondre tout cela ; puis, pendant que vous y serez, prenez toutes les petites précautions qui pourront vous être utiles.

— Ah ! voilà précisément où mon ignorance commence à me jouer de mauvais tours ; de quelles précautions parlez-vous ?

— Vous avez apporté avec vous du linge et des nécessaires de toilette, n'est-ce pas? Laissez-moi tout cela quelque part; et prenez seulement avec vous deux chemises de flanelle, deux ceintures de flanelle, quelques mouchoirs, des chaussettes de laine et un peigne. Si vous trouvez à Metz un sac en peau de mouton, achetez-le, c'est à la fois un lit et une couverture, rien ne peut le remplacer. Je vous conseille aussi d'acheter un revolver, ça n'est pas réglementaire, mais ça peut rendre les plus grands services; dans une charge, si l'on est démonté on est encore redoutable quand on a six coups à tirer. Êtes-vous en fonds?

— J'ai un crédit sur un banquier de Metz.

— Je pensais bien que votre excellente mère aurait pensé à cela : usez donc de ce crédit : prenez une bonne somme, moitié en or moitié en billets, et placez-la dans une ceinture en cuir, que vous porterez sous votre chemise; on ne sait pas ce qui peut arriver, on peut être fait prisonnier, et avec de l'argent on a chance d'échapper. Voilà ce que j'appelle des petites précautions; vous verrez après un mois de campagne qu'elles ont leur utilité; c'est la santé qui fait le courage résistant, et c'est la précaution qui fait la santé.

Je m'en retournai à Metz, touché jusqu'au fond

du cœur de ces conseils paternels. Je connaissais M. de Saint-Nérée comme un homme de grande intelligence et de haute distinction, véritable reproduction vivante du Charles Ier de Van Dyck; mais je ne lui savais point ce souci des petites choses, sans lequel, je l'appris plus tard, il n'y a pas de bon militaire.

Quand le soir je revins au camp, j'étais tondu comme un conscrit et je portais mon paquetage sur mon dos.

En me voyant, M. de Saint-Nérée se mit à rire :

— Allons, dit-il, cela va bien. Demain, nous verrons comment ira le cheval.

Et il me donna un chasseur pour me conduire à la tente où je devais occuper une place.

— C'est vous, décidément, qui êtes le jeune homme du colonel? me dit mon brigadier.

— Oui, brigadier.

— Pour lors, il n'y a qu'à dormir, si le cœur vous en dit.

Déjà plusieurs de mes camarades étaient couchés sous la tente, dans la paille, la tête appuyée sur leur manteau; mais personne ne dormait. On me regardait comme une bête curieuse. Je n'avais jamais dormi sur la terre; je me demandai si je devais prendre ma peau de mouton. Mais comme aucun de mes camarades n'en avait, je ne voulus pas débuter avec ce luxe aristocratique. Je me glissai sous la toile, et pris la place qui me parut n'appartenir à personne. Dame, ce n'était ni doux ni confortable, mais à la guerre comme à la guerre.

Je restai longtemps éveillé sans oser remuer, mes camarades s'endormirent. La nuit était tiède, et il passait dans l'air de chaudes senteurs de blé mûr ; on entendait dans le silence la vague rumeur d'une agglomération d'hommes et, de temps en temps, l'ébrouement d'un cheval ou le cri articulé des perdrix qui n'avaient pas abandonné leurs nids. J'étais donc soldat ; et désormais mes nuits seraient pareilles à celles-là. Après tout on n'était pas trop mal. Il est vrai que mes camarades portaient avec eux une odeur de crottin et de cuir un peu forte ; mais bast ! la gloire et l'argent n'ont jamais senti mauvais.

## VII

Si je m'étais fait une grande idée de la guerre, par contre je m'en étais fait une médiocre du soldat, aussi étais-je assez inquiet de savoir comment j'allais vivre avec mes nouveaux camarades. Quand on se bat, on ne demande à son voisin que du courage dans le cœur et de la force dans la main; mais quand on doit vivre du soir au matin avec ce voisin, ce qui s'appelle vivre de la vie ordinaire, où tout est mêlé : besoins, goûts, habitudes, occupations, on peut être plus exigeant et désirer que ce cœur ne soit pas grossier, ou tout au moins que cette main ne soit pas trop sale.

Mais comme c'est folie de raisonner ainsi à l'avance ce qu'on ne connaît pas! Ce fut juste le contraire de ce que je craignais, aussi bien que de ce que j'espérais, qui se réalisa.

Pas si grossiers que je me l'étais imaginé, mes camarades; ignorants des choses et des usages de ceux qui ont été élevés, oui; ne se faisant pas les ongles tous les matins, oui encore; mais malgré cela de bons garçons, sensibles au sentiment du devoir et à l'instinct de la justice, des hommes enfin dirigés et affermis par une règle solide, — la religion du soldat. S'il y a eu bien des défaillances dans cette guerre, il faut reconnaître que ce n'est pas chez le soldat qu'elles ont commencé, et que si sa religion s'est affaiblie, la faute en est à ceux qui avaient charge de la faire pratiquer. Aussi ne faut-il pas juger le soldat par ce qu'il a pu être à Paris à la fin du siége, ou en province à l'armée de l'Est. La discipline est faite de respect et de confiance; on obéit lorsqu'on est certain que celui qui est à votre tête est digne, par son caractère aussi bien que par son savoir, de vous commander; mais lorsque cette confiance et ce respect sont perdus par la faute même de celui qui devait les inspirer, on n'obéit plus. De là, le général, sous le commandement de Napoléon III; de là aussi le soldat de la garde mobile ou des régiments de marche, tel qu'on l'a vu pendant les derniers mois de la guerre. Mais n'allons pas trop vite.

Bien qu'il ne soit pas facile de dormir sous une petite tente sans écraser un peu ses voisins, je ne fis pas trop crier contre moi; mais dormir ne constitue pas la seule occupation du soldat en campagne, et le lendemain mes camarades avaient la curiosité de voir comment je débuterais dans mon rôle, si nouveau pour moi. Heureusement la façon dont je maniais l'étrille et la brosse me concilia l'indulgence; puis la façon dont je payais la goutte acheva de me bien poser auprès des malins; mon brigadier daigna dire : « qu'on ferait quelque chose du jeune homme du colonel. » Quant à mon maréchal des logis, il me donna à entendre que nous étions faits pour nous comprendre puisque nous étions l'un et l'autre, lui et moi, supérieurs par l'éducation à ceux qui nous entouraient. C'était un méridional verbeux, victorieux, légèrement vaniteux, et infatué de ses manières élégantes, mais au fond le meilleur homme du monde; il se nommait Francescas et ce nom retentissant faisait son bonheur.

Un de mes camarades m'ayant rudoyé pendant le pansement, il intervint pour le remettre à sa place :

— Pénanros, je vous l'ai dit nonante fois, que vous n'êtes qu'une vraie brute de Breton, une quadruple bête incapable de savoir le respect d'homme à homme, de supérieur à inférieur ou d'égal à égal, qu'on se doit. Seul à seul, dites à un camarade ce que vous voudrez, mais dans le service je ne supporterai jamais que vous lâchiez une cochonnerie triple comme celle que vous venez de dire ; l'homme doit respecter l'homme qui est son semblable et ne lui parler que d'une façon civile, comme je vous parle moi.

Sans doute ce n'étaient point là les mœurs et les manières de gens distingués, mais si la politesse est tout dans le monde, elle n'est pas tout, heureusement, dans la vie. Ce n'était point pour me perfectionner dans les belles manières que je m'étais engagé, et comme j'ai le bonheur, ou, si l'on veut, le malheur de préférer des gens grossiers qui sont simples et francs à des délicats qui sont affectés et poseurs, je ne me sentis pas du tout mal à l'aise au milieu de mes camarades. Ils se mouchaient d'une façon primitive ; ils se servaient toujours du mot propre même quand la chose l'était peu ; ils riaient de bêtises stupides ; eh bien, après? Ce n'est pas la grossièreté dans l'éducation qui est haïssable et dure à supporter, mais celle dans le caractère.

J'avais bien autre souci d'ailleurs que ces petits détails, la théorie des manœuvres à apprendre, et aussi la pratique de mille choses que j'ignorais; car, s'il faut en temps ordinaire plusieurs années pour faire un soldat, je n'avais devant moi que quelques jours, que quelques heures peut-être : nous étions venus camper sur la Nied, et d'un moment à l'autre nous pouvions passer la frontière.

Quand entrerions-nous en Allemagne? Par quelle route? Par Sarrelouis ou par Sarrebruck? C'était la question que nous agitions tous dans des discussions sans fin, car personne ne doutait que nous ne dussions prendre l'offensive et aller chercher les Prussiens chez eux, au lieu de les attendre chez nous dans des positions choisies à l'avance. D'où venait cette conviction générale chez le soldat? Je ne saurais trop le bien expliquer, mais elle était inébranlable. Vanité nationale peut-être, mais surtout génie national. On voulait, on comptait aller de l'avant, parce qu'on sentait instinctivement en soi les qualités nécessaires à ce genre de guerre, l'activité, l'enthousiasme, l'élan. La petite affaire de Sarrebruck nous avait mis le feu au cœur, et partout il n'y avait eu qu'un même mot :

— Bon! voilà que ça commence, la suite à demain.

Ce fut notre maréchal des logis qui nous apporta la nouvelle de cette « victoire; » il avait été à Faulquemont et il avait vu passer à la gare l'empereur et le prince impérial « victorieux. » On racontait que celui-ci s'était couvert de gloire et qu'il s'était amusé à ramasser les balles autour de lui comme si elles eussent été de simples billes.

— D'Arondel, me dit Francescas, lorsqu'il eut achevé son récit, vous avez de la chance; demain ce sera notre tour. Un conseil seulement : votre sabre est-il en état? Visitez-le; et je vous prie, par amitié pour moi, dans la danse pointez, n'est-ce pas, et ne sabrez pas : à sabrer on se fatigue le bras et on peut casser son sabre; tandis que la pointe « une, deusse, » du beurre.

Le lendemain, en effet, au soleil levant, nous reçûmes l'ordre de marcher en avant. Quel joyeux lever et comme on se mit gaiement en route en chantant la *Marseillaise* :

Allons, enfants de la patrie,
Le jour de gloire est arrivé.

Ce n'était plus de la poésie, ce n'était plus de la musique, c'était la réalité. Comme les cœurs étaient émus, les voix vibrantes ! Cette route que nous suivions, les armées de la république l'avaient suivie avant nous.

Nous entrerons dans la carrière
Quand nos aînés n'y seront plus.

Il semblait que ces aînés se dressaient de chaque côté de la route avec leur plumet tricolore et leur queue poudrée pour nous voir défiler. Et de fait peut-être y étaient-ils véritablement ; beaucoup dormaient là sous les racines des arbres, et la brise matinale qui passait dans les feuilles nous apportait leur âme :

Nous y trouverons leur poussière
Et la trace de leurs vertus.

Une brigade d'infanterie nous suit et chante comme nous. Quand nous montons une côte, nous apercevons derrière nous, à travers des nuages de poussière rouge, un immense cordon de troupes qui se déroule dans les plaines et les prairies ; le miroitement des fusils et des baïonnettes est éblouissant et l'immense clameur des chants exalte les courages. Les paysans se pressent sur le bord du chemin et nous regardent passer en nous saluant :

Aux armes, citoyens ! Formez vos bataillons

Nous ne fîmes pas une longue route ce jour-là et l'on s'arrêta de bonne heure. On piqua les tentes, on alluma les feux et l'on fit la soupe sur des fourches ou sur des grosses pierres plates. A l'arrière-garde campaient les voitures du train des bagages, les fourrages, les cantines, et l'inextricable fouillis des *mercantis*.

Nous pensions continuer à marcher en avant, mais le lendemain, il arriva un contre-ordre. Étions-nous partis par erreur, ou bien nous rappelait-on par suite d'un malentendu, c'est ce que nous ne sûmes pas ; nous revînmes en arrière reprendre notre campement de la veille.

Alors on commença à murmurer; et quand on grogne dans un régiment on grogne bien ; ce serait le moment pour les généraux et les commandants d'ouvrir les oreilles, ils en apprendraient là plus long qu'au milieu de leur état-major.

— Le prince impérial avait donc assez de balles pour lui et le petit Conneau ?

—Nos généraux n'étaient donc que des clampins et des invalides ?

— L'empereur n'était donc pas un Français?

Et un sous-officier, qui avait suivi les chasses impériales, nous raconta que Napoléon III tenait tant à sa précieuse personne qu'il n'osait pas se servir de fusils Lefaucheux, de peur qu'une cartouche mal faite amenât des accidents, si bien qu'il ne voulait que des fusils à piston, dont Gatine-Reinette réglait à l'avance la charge de poudre.

— Ce n'est donc pas un Napoléon, cette figure de cire!

Cependant, il faut reconnaître que s'il y eut du mécontentement, il n'y eut pas de découragement; on se dit que ce serait pour le lendemain :—« C'est un malin, il a son plan. » Évidemment, si l'on nous retenait, c'était pour attirer les Prussiens; et puis les Autrichiens, les Italiens devaient se mettre de la partie, et il fallait leur donner le temps de se préparer. Quant à supposer que nous ne marchions pas parce que nous ne pouvions pas marcher, il n'y avait pas un soldat, ce qui s'appelle pas un seul, qui en eût l'idée.

Il est vrai que parmi ceux qui étaient en mesure de voir et de savoir, il en était tout autrement et que l'inquiétude qui n'atteignait pas les simples soldats commençait à gagner les chefs.

Depuis que j'étais au régiment, j'évitais autant que possible les occasions de m'approcher de notre colonel, et cela autant pour ne pas le gêner que pour ne pas paraître, aux yeux de mes camarades, faire parade de mes relations avec lui; que le colonel eût de l'amitié pour moi, on me le pardonnait, c'était une chance comme une autre; mais si j'avais voulu recourir à cette amitié et m'en parer, on ne l'eût pas, je crois, supporté. Le soir de notre marche en arrière, il me fit appeler, et je vis que la situation était autre que celle que nous imaginions dans notre ignorante confiance. Après m'avoir interrogé sur ce qui touchait mon nouveau métier, il oublia bientôt que j'étais son soldat, et il s'entretint librement, simplement avec moi, comme si nous avions discouru en nous promenant sur le boulevard, bras dessus, bras dessous.

— Vous avez cru que nous allions en Allemagne, n'est-il pas vrai? dit-il; moi je crois bien que nous n'irons jamais.

— Eh quoi ?

— En arrivant ici, j'ai pensé comme tout le monde qu'on profiterait de l'avantage que donnait une force de deux cent mille hommes d'excellentes troupes, pour se jeter sur l'Allemagne, la couper en deux, et paralyser les États du Sud. Cela semblait résulter des dispositions prises qui indiquaient un plan, et je sais de source certaine que le général Ducrot, qui a de l'initiative, proposait de s'emparer immédiatement de Kehl et de Landau, ce qui était possible et même facile. Mais on ne l'a pas fait, et maintenant l'occasion est perdue : la Prusse a mobilisé son armée et elle va reprendre l'avantage de la masse, qui d'abord était pour nous. Nous sommes désormais réduits à la défensive pour toutes sortes de raison, dont la première m'était donnée par un homme qui est un triste général, mais qui trouve assez adroitement le côté faible de ceux qu'il n'aime pas. « Nous recevrons des batailles, me disait le prince Napoléon, mais nous n'en offrirons pas, car pour cela il faudrait un plan, et nous n'en avons pas. » Encore, si nous étions enfermés dans cette défensive comme dans une solide place forte, mais cette place n'a que l'apparence de la solidité, et sur plus d'un point son rempart est en carton.

— Depuis que je suis à Metz, j'ai entendu bien des plaintes qui semblent indiquer un désarroi général.

— Les officiers, n'est-ce pas, qui n'ont pas de tentes et les soldats qui n'ont pas de campement? S'il n'y a que cela c'est une niaiserie ; est-ce que les armées de la République avaient du campement? Est-ce que les Prussiens en ont? La gravité de la situation n'est pas là ; elle est dans ces plaintes mêmes qui sont un symptôme de l'esprit de l'armée. Cet esprit s'est amolli, abaissé, corrompu; et c'est là qu'est le danger, un grand danger. Aussi, tout en étant très-inquiet sur les chances de cette guerre; suis-je heureux qu'elle ait éclaté. Encore quelques années du régime sous lequel nous vivons depuis vingt ans et nous périssions d'anémie morale. Il faut être de l'armée, et dans l'armée, depuis longtemps, pour savoir à quel point elle est malade. L'empire qui, aux yeux du vulgaire, paraît avoir tout sacrifié à l'armée, est de tous nos gouvernements celui qui lui a fait le plus de mal.

J'eus malgré moi un mouvement de surprise.

— Vous ne me croyez pas, dit-il en souriant; si vous réfléchissiez ou si vous aviez observé, vous verriez combien, par malheur, cela est vrai. D'abord l'empire a porté un coup mortel à l'honneur militaire, en faisant de l'armée sa complice dans ses conspirations; ce jour-là, la France a été amoindrie et, ce qu'il y a de grave, amoindrie dans son honneur. Les conséquences de cette faute sur le moral de l'armée ont été, sont et seront terribles. La première a été de livrer l'armée aux complaisants et aux courtisans qui ont occupé toutes les hautes positions. Arrivés à la place que leur ambition avait méritée, bien plus que leur capacité, ils n'ont pas voulu auprès d'eux des supériorités qui, peu à peu, et par la seule force des choses, les auraient effacés. Alors a commencé la mise en pratique d'un système général de découragement dirigé contre les officiers intelligents qui, pour avancer, comptaient sur l'étude et le travail ; aujourd'hui l'officier qui travaille est presque ridicule, et celui qui s'expose à ce danger-là est plus brave que celui qui, en Algérie ou au Sénégal, a provoqué une petite affaire pour conquérir un grade à la pointe de l'épée. Des premiers rangs, descendons aux derniers, et nous verrons là un autre système tout aussi mauvais, celui des rengagements avec prime d'argent qui a démoralisé le corps des sous-officiers, en immobilisant les galons. Dans mon régiment, je n'ai pas un sous-officier digne de se présenter convenablement aux inspecteurs géraux pour passer officier ; et, il y a quelques jours, j'ai vu dans un régiment de cavalerie des sous-officiers charger leur pistolet en mettant la balle la pointe en bas. Si nous examinions l'administration, l'intendance et le reste, nous en verrions bien d'autres. Mais sans aller chercher au loin, ne suis-je pas là, moi, pour montrer les vices de notre organisation militaire et surtout comment la corruption, lorsqu'elle est générale et largement pratiquée, peut faire du mal. Jeune, on résiste; mais l'âge vient; avec lui arrivent les passions, les besoins; la vue se trouble, la fierté s'émousse, la dignité s'amollit; l'exemple d'un camarade ou d'un ami vous sollicite, et un beau jour on donne un démenti à son passé.

— Mon colonel!

— Mon enfant, je n'essaye plus de me tromper; lors même que je le voudrais, je ne le pourrais pas, car si je me trouve devant un miroir, cette tristesse qu'on me reproche, que tout le monde lit sur mon visage et qui m'a fait appeler par mes soldats « le colonel de la Triste-Figure, » crie contre moi: c'est le reflet de ma conscience.

Pour comprendre ces quelques mots personnels, il faut savoir que M. de Saint-Nérée avait donné sa démission de capitaine après le coup d'État et qu'il n'était rentré au service que pendant la guerre du Mexique. Les causes de cette conversion assez étonnante avec une nature haute et fière comme la sienne étaient romanesques : il avait voulu gagner une grosse fortune qui lui permît d'épouser une femme qu'il aimait, et il était parti au Mexique pour y organiser, avec le concours de plusieurs associés, une affaire considérable. Mais cette spéculation l'avait entraîné plus loin qu'il n'avait prévu, et malgré lui, sous le coup d'exigences presque fatales, il avait accepté un grade que ses associés avaient imposé à sa faiblesse. Disons tout de suite qu'à son retour il avait trouvé mariée celle à laquelle il avait sacrifié son honneur.

— Vous voyez, mon cher d'Arondel, continua-t-il, que j'envisage cette guerre à un double point de vue : elle est mauvaise, parce que l'incapacité de nos chefs pourra nous coûter un bras ou une jambe; elle est bonne, parce qu'elle pourra nous imprimer une secousse salutaire. Et puis elle offrira à des gens que je connais l'occasion d'expier leurs faiblesses et peut-être même de racheter leurs fautes. Bonne nuit, mon enfant! A propos, c'est l'ami qui vous a parlé, non le colonel; quand le colonel dira en avant, il faudra le suivre.

— Au bout du monde.

— Hélas!

Cette conversation venant après ce que j'avais déjà entendu et vu pendant mon passage à Metz, me fit accepter la nouvelle du combat de Wissembourg avec des sentiments différents de ceux de mes camarades. Pour eux, ce fut véritablement de la stupéfaction, et je ne peux comparer mon étonnement qu'à celui des bons bourgeois de Tarbes quand nous avions appris la déclaration de la guerre.

Des Français battus, un canon perdu, c'était invraisemblable; même avec la dépêche officielle sous les yeux on ne pouvait le croire; et ils étaient nombreux les soldats qui clignaient l'œil d'un air malin. C'était un piége, on avait voulu les attirer chez nous, et Mac-Mahon allait les prendre tous comme dans une souricière. — Et puis comme on s'était battu !...

Et en réalité, si les officiers pouvaient se trouver atteints par cet échec, le soldat avait le droit d'être fier de son courage et de sa résistance; un contre cinq, et l'on avait lutté depuis le matin jusqu'à deux heures, s'emparant de huit canons, tuant à l'ennemi autant d'hommes que nous en avions d'engagés de notre côté.

C'étaient là nos propos, tandis qu'autour de grands feux nous faisions sécher nos chemises et que nous séchions notre peau en même temps, car nous avions reçu un orage effroyable et nous n'avions pas un fil de sec. Personne n'était abattu, et les courages, je crois, n'avaient jamais été si surexcités. On ne pensait qu'à marcher en avant et à venger les héros de Wissembourg. Nous avions vu passer des régiments de la garde impériale, et pour cette fois nous allions en Allemagne. Encore une étape et nous passions la frontière, car nous étions campés à quelques lieues à peine de Saint-Avold.

Cependant, le lendemain, on ne continua pas la route en avant, et nous gardâmes notre campement. Vers la fin de la journée, on entendit une canonnade terrible dans la direction du nord-est : c'était la revanche qui commençait ; d'un moment à l'autre nous nous attendions à monter à cheval.

J'étais commandé pour la nuit, et je pris mon poste, bien convaincu que l'heure était venue.

— D'Arondel, me dit mon maréchal des logis, j'accepte une goutte parce que c'est la dernière que nous boirons en France.

# VIII.

Les bruits du camp s'éteignirent peu à peu, mais nous entendîmes encore pendant assez longtemps, dans le calme du soir, les détonations lointaines de l'artillerie ; un coup, deux coups, une salve qui faisait bondir le cœur ; puis le silence descendit sur nous. Mais ce silence succédant brusquement au tapage de la journée avait quelque chose d'inquiétant et de fiévreux ; l'esprit n'étant plus secoué par les coups de canon restait agité par la curiosité, et sans pouvoir se reposer sur rien de précis il se troublait de plus en plus en subissant les influences de la nuit toujours si puissantes dans l'angoisse.

Que s'était-il passé derrière ces bois? et par cela seul que l'œil ne pouvait percer les ombres, il semblait que l'esprit était plus lourd à franchir les espaces. La victoire? la défaite? nous étions le secours, le salut peut-être, et nous restions là sans que personne nous dît : « Au galop. »

Nous étions campés dans une prairie; devant nous se dressait une colline boisée, et derrière nous s'étalait une plaine légèrement accidentée; la grande route, la route de Mayence, coupait notre camp en deux. N'allait-il donc passer personne sur cette route pour nous donner des nouvelles de la bataille? Il semblait qu'elle ne s'était pas livrée à plus de sept ou huit lieues de nous; mais il ne passa que des paysans attardés, et ce furent eux qui nous interrogèrent; ils avaient entendu le canon, et nous autres militaires, nous devions savoir; ils ne pouvaient pas croire que nous étions de bonne foi quand nous leur disions que nous ne savions rien : surtout ils ne pouvaient pas comprendre pourquoi nous étions restés là toute la journée au lieu de marcher au canon.

C'était la première fois que j'étais de faction la nuit, le temps me parut d'une longueur éternelle; j'aurais voulu entendre une voix d'homme, un bruit humain, et en marchant de long en large sur l'herbe mouillée, je n'entendais que le chant des cailles et des perdrix. Mais vers le matin, au moment où le soleil ouvrait le ciel du côté de l'orient, nous entendîmes sur la route le galop d'un cheval qui descendait la côte. Puis, quelques minutes après, à l'entrée de notre camp, un bruit sourd, comme celui d'une chute; en même temps une voix cria :

— Holà ! ici.

Nous courûmes à l'endroit d'où partait cette voix et nous trouvâmes un cheval abattu sur la route; un officier, couvert de boue des pieds à la tête, de telle sorte qu'il était impossible de reconnaître son uniforme, le tirait par la bride et tâchait de le remettre sur ses jambes, mais inutilement : le cheval ne bougeait plus.

— Chasseurs d'Afrique ? dit-il en nous regardant.

— Oui, mon officier.

— D'où venez-vous ?

— Nous sommes ici depuis hier.

— Depuis hier ! Oh ! les imbéciles; conduisez-moi à votre colonel.

— Mais mon officier...

— Vite ! vite !

Au même instant, M. de Saint-Nérée parut; son

anxiété l'avait sans doute empêché de se coucher, et ayant entendu le galop et la chute du cheval, il venait de voir ce qui se passait.

— Le colonel, dit-il, le voici.

— Mon colonel, dit l'officier, pouvez-vous me faire donner un cheval pour aller à Metz? je suis le capitaine Othain de l'état major.

— Que se passe-t-il?

— Le maréchal Mac-Mahon a perdu une grande bataille à Reichshofen.

—Nous avons entendu le canon toute la journée.

— Non le sien, la distance est trop grande, mais celui de Frossard qui, paraît-il, s'est fait battre en même temps entre Sarreguemines et Forbach; mais je ne sais ce qui s'est passé là; j'étais au premier corps; on s'est battu depuis le matin, nous avons été écrasés par le nombre.

M. de Saint-Nérée tira à part le capitaine, et ils s'entretinrent à mi-voix sans que nous pussions entendre leurs paroles.

Mac-Mahon battu, Frossard battu, nous nous regardions les uns les autres sans comprendre : ce n'était pas de la surprise, c'était de l'hébêtement; pour moi, j'étais comme un homme qui vient de tomber d'un cinquième étage et qui se tâte pour voir s'il est encore vivant.

Notre colonel et l'officier revinrent avant que nous eussions dit un seul mot.

— Faites seller Rascol et Namouna, dit M. de Saint-Nérée à son ordonnance, et vivement.

Puis, m'apercevant alors, il me fit signe d'approcher.

— D'Arondel, me dit-il, voulez-vous allez à Metz avec le capitaine ?

— Mais, mon colonel, si l'on se bat pendant que je suis parti?

— Vous serez revenu avant; je crois que vous ne regretterez pas d'avoir été à Metz.

— Combien d'ici Metz? demanda le capitaine.

— Trente-cinq kilomètres.

— Je crois que je les ferai encore; je suis à cheval depuis vingt-quatre heures, et depuis hier soir je galope sans arrêt. J'ai quitté Niederbronn à six heures, où j'ai pris un cheval frais que j'ai laissé à Bitche. Je ne sais comment j'ai traversé les Vosges, c'est un miracle que je sois arrivé à Sarreguemines, où j'ai monté un autre cheval : c'est celui qui est étalé ici.

— En attendant les chevaux, voulez-vous entrer dans ma tente? dit M. de Saint-Nérée.

— Merci; si je m'asseyais, je ne pourrais pas me relever; mais j'accepte une croûte, si vous voulez bien.

On lui tendit une miche de pain et une gourde. Alors, tout en mangeant, il parla de la bataille, de la forte position prise par le maréchal, du changement de front opéré sous un feu épouvantable, de la masse d'artillerie des Prussiens, de la charge des 8e et 9e cuirassiers, qui se déployèrent devant l'ennemi comme sur un terrain de manœuvre; les balles sonnaient sur leurs cuirasses comme un orage de grêle sur le toit d'une serre.

— Ils ont rompu en colonne par peloton au pas, dit-il, ils ont pris le trot, puis le galop, et ils sont entrés dans la mort : il n'en reste plus.

Sortant de la bouche de cet officier couvert de boue et de sang qui gardait, pour ainsi dire, l'odeur de la poudre et du carnage et qui avait encore dans les yeux la fièvre de la bataille, ces mots nous serrèrent le cœur jusqu'à nous étouffer.

— Et le colonel Vigneulles, demanda M. de Saint-Nérée pensant à un ami, l'avez-vous vu?

— Oui, mais est-ce avant, est-ce après, je ne sais pas, je ne sais plus rien; je ne sais pas si mon père, qui commandait une brigade de la première division, est vivant; je ne sais pas si mon frère, lieutenant au 3e zouaves, a échappé; j'ai été séparé, et je n'ai plus pensé qu'à l'armée et à la France; c'est un grand désastre, colonel.

Les chevaux arrivèrent : il fallut mettre le capitaine en selle. Pendant ces quelques minutes d'arrêt, ses articulations s'étaient roidies, mais une fois qu'il fut à cheval, il s'y tint solidement.

— Au galop ! dit-il.

Nous partîmes. Les chevaux que M. de Saint-Nérée nous avait fait donner étaient excellents, et s'excitant l'un l'autre, ils allaient d'un train de course. Les paysans, qui s'éveillaient, venaient d'un air effaré sur le seuil de leurs maisons pour nous voir passer : les villages, les uns après les autres, disparaissaient derrière nous.

A Courcelles-le-Chaussy nous trouvâmes la garde impériale qui levait son camp pour marcher en avant; sans doute on ne savait rien des catastrophes de la veille, car tous les visages étaient de bonne humeur et les soldats roulaient leurs tentes en chantant. Quelques officiers s'avancèrent comme pour nous interroger, mais le capitaine Othain donna de l'éperon, et nous passâmes sans nous arrêter; si nous avions répondu à une seule question, nous ne serions jamais arrivés à Metz.

Peu de temps après avoir laissé la garde derrière nous, il m'arriva un accident qui faillit terminer mon voyage. Pour éviter un long convoi qui encombrait la route nous avions pris à travers une prairie ; le sol était gras, l'herbe mouillée, mon cheval manqua des quatre jambes et m'envoya rouler dans une flaque bourbeuse. Quand mon capitaine, qui avait entendu ma chute, revint vers moi, j'étais déjà debout.

— Vous n'êtes pas blessé?

— Non, capitaine ; quand on a monté en steeple-chase on sait tomber.

Et je rebridai mon cheval qui n'était pas plus malade que moi.

— Vous avez monté en steeple-chase, vous ? me dit le capitaine en me regardant pour la première fois.

J'étais en selle et nous repartîmes : le seul résultat de cette chute avait été de me mettre à peu près dans le même état que le capitaine; bien malin eût été celui qui eût pu dire si j'étais un chasseur ou un hussard, un officier ou un soldat, en réalité nous étions deux boueux.

Lorsque nous entrâmes à Metz par la porte des Allemands, la sentinelle resta bouche béante à nous regarder. La ville, qui commençait à s'éveiller, avait son aspect ordinaire ; les bourgeois matineux ouvraient tranquillement leurs boutiques; on ne savait rien.

Nous avions ralenti notre allure, mais nous n'eu

produisions pas moins une émotion scandaleuse : encore deux militaires qui avaient trop bu. Je suivais mon capitaine ; arrivé à la place Napoléon, il entra dans la rue des Clercs. Mais à l'hôtel de l'Europe, où se trouvait logé le quartier général, tout le monde dormait encore.

— Ils dorment ! ils dorment ! s'écria le capitaine.

Au quartier général on ne savait pas le dimanche matin, à six heures, que le maréchal Mac-Mahon avait été écrasé en Alsace le samedi, et que le général Frossard avait été battu à Forbach le même jour. Ces messieurs dormaient.

Mon capitaine n'essaya pas de les réveiller, et nous nous dirigeâmes vers la préfecture. Là on était éveillé.

Un officier d'ordonnance vint au-devant de nous.

— Veuillez faire prévenir l'aide de camp de service que j'apporte des nouvelles importantes du maréchal Mac-Mahon.

L'hôtel de la préfecture était en émoi ; évidemment on y savait la vérité sur les malheurs de la veille, sinon entière, au moins partielle ; on parlait bas : on s'interrogeait du regard ; on levait les bras avec des exclamations sourdes ; on eût pu croire qu'il y avait un mort dans la maison. Et de fait, il y en avait un, l'empire.

J'aperçois un habit vert brodé d'or qui traverse la cour et sous cet habit je reconnais un ami attaché à la maison de l'empereur ; je l'appelle par son nom, mais lui ne me reconnaît que quand j'ai dit qui je suis. Il me fait descendre de cheval. Au même instant un aide de camp vint au-devant de nous.

— Vous avez des nouvelles du duc de Magenta? dit-il rapidement.

— Oui, général, j'arrive du champ de bataille.

— C'est impossible !

— Ma tenue le prouve cependant.

— Je vais vous conduire près de Sa Majesté.

— Montez, me dit mon ami qui croit que j'arrive aussi de la bataille ; machinalement j'obéis, et nous nous trouvons dans un vaste salon. Bien qu'il fît jour depuis longtemps, des lampes brûlaient encore ; on avait passé la nuit, des officiers galonnés d'or travaillaient penchés sur des tables ; d'autres, groupés dans des coins, causaient.

L'aide de camp frappa à une porte, et pendant qu'il entrait nous restâmes dans le grand salon. On nous entoura.

— D'où venez-vous, monsieur ?

— De Reischshoffen.

— Où ça, Reischshoffen ?

— En Alsace, près de Niederbronn.

— Le maréchal a perdu la bataille ? est-ce vrai, cela ! on n'a eu qu'une nouvelle vague par le général de Laigle.

— C'est, hélas ! trop vrai.

— Une défaite ?

— Entrez, dit l'aide de camp en ouvrant la porte.

Naturellement je ne vais pas plus loin, cependant je crois que dans l'état où j'étais, on m'eût laissé entrer ; ma couche de boue et la poussière rouge qui me rendait méconnaissable des pieds à la tête valaient sur mon dos, à cette heure, l'habit brodé d'un général. Et puis, l'aide de camp paraissait si fier d'avoir à montrer son activité, dans ces circonstances, qu'il eût, je crois bien, introduit un escadron entier s'il l'eût eu sous la main ; — c'était sa façon de prendre part à la bataille.

On se presse autour de moi et l'on veut me faire parler ; mais je réponds que je n'ai rien vu, et répète simplement ce que je sais. C'est beaucoup pour ces généraux, ces officiers qui ne savent rien. On discute ; on blâme le maréchal qui n'aurait pas dû accepter la bataille ; et l'on est plein d'excuses pour le général Frossard, qui a été surpris. Se laisser surprendre est, paraît-il, une circonstance atténuante ; « il ne savait pas que les Prussiens eussent des masses considérables prêtes à l'attaquer; il n'a pas cru à une affaire sérieuse. » Il est évident que le général n'a là que des amis.

Cependant la porte par laquelle mon capitaine est entré se rouvre, il sort, et derrière lui paraît l'empereur; mais si courbé, si cassé, si lourd, blafard, la moustache pendante, les cheveux en désordre, qu'on peut à peine le reconnaître. Jamais son œil pâle ne m'a paru si éteint; il marche comme un vieillard ou comme un comédien qui prend des temps. C'est là notre généralissime.

Un groupe d'officiers supérieurs l'entoure.

— La situation n'est pas compromise, dit-il lentement, tout peut se réparer ; je vais me placer au centre de la position.

Il fait du bout de la main un signe de congé à mon capitaine et rentre dans son appartement.

A peine a-t-il disparu que tout le monde se regarde sans rien dire. Mais que de paroles dans ce coup d'œil ! « Lui, au centre de la position ! »

On veut interroger mon capitaine.

— Messieurs, dit l'aide de camp, M. le capitaine Othain est à cheval depuis hier matin; il a fait quarante lieues d'une traite après une journée de bataille, il tombe de fatigue.

Et il nous reconduit, autant par compassion pour

cette fatigue que parce qu'il paraît désirer que nous ne parlions pas.

Dans les corridors, un enfant vient au-devant de nous; c'est le prince impérial; notre tenue lui dit que nous arrivons de la bataille. Il nous arrête.

— Monsieur, dit-il à mon capitaine, que se passe-t-il?

— Mais, monseigneur..... interrompit l'aide de camp qui ne s'arrêta pas.

Pauvre enfant, qu'on avait montré comme un drapeau! Son père avait été le neveu de Napoléon Ier, lui serait le fils de Napoléon III.

Lorsque j'eus quitté mon capitaine, je me mis en route pour rejoindre mon régiment, monté sur mon cheval et conduisant l'autre en main.

Mais quand j'arrivai à notre campement, le régiment n'y était plus. Où est-il? Du côté de Saint-Avold. A Longueville, je trouvai la garde impériale campée sur les hauteurs. Sur la route je croise des *mercantis*, des convoyeurs qui viennent de Forbach. Ils ont vu la bataille, ou ils en ont eu l'écho. Déjà une légende s'est formée; dans une auberge où je m'arrête pour manger, un convoyeur me la raconte : « Le général Frossard a perdu ses premières positions sans s'en douter, parce qu'il n'a pas voulu quitter son déjeuner : il l'a tranquillement digéré à Forbach sans aller voir ce qui se passait sur le champ de bataille. » Est-ce possible ?

Au delà de Saint-Avold, je rencontre des chariots chargés de blessés ; quelques-uns ont des bandages ; d'autres montrent leurs blessures sur lesquelles le sang s'est coagulé et forme des emplâtres d'un rouge-noir : il y a des fantassins à cheval qui dorment en secouant leur tête ballante. Des groupes d'hommes sans armes, sans képis, aux uniformes souillés de boue, se traînent sur la route. Les larmes me viennent aux yeux, c'est la déroute. Mais où est l'armée ? On me dit qu'elle se retire par les routes qui sont à l'Est.

Enfin à la nuit je retrouve mon régiment, et je raconte au colonel ce que j'ai vu, ce que j'ai entendu.

— J'avais donc raison de vous envoyer à Metz, dit-il tristement.

Maintenant mes camarades croient à la défaite, et ils l'expliquent : « Nous sommes vendus, » disent-ils.

Le lendemain, je me trouve de grand' garde dans un village dont j'ai oublié le nom. Les paysans commencent à déménager, ils chargent leurs meubles, leurs fourrages sur des voitures ; que de matelas bon Dieu ! Ils poussent leurs bestiaux devant eux. Où vont-ils, ils ne savent pas, droit devant eux, dans les bois, à Metz; ils se sauvent devant les Prussiens. Nous sommes là cependant; mais il n'ont plus confiance en nous.

Et par malheur, ils ont raison; car l'ordre arrive de nous replier; il paraît que « nous sommes en l'air. »

Les paysans nous enveloppent.

— Est-ce que vous partez ?

— Vous n'allez pas nous abandonner comme ça, dit un grand gaillard qui porte son enfant à califourchon sur son cou; qu'on nous donne des fusils; on tiendra avec vous.

Des fusils, il n'y en a pas; et quelques hommes ayant été en demander à la mairie, le maire répond qu'il n'en a pas, et que quand même il en aurait, il ne les donnerait pas, parce qu'il n'a pas l'ordre de M. le sous-préfet; c'est aux soldats de défendre sa commune, ce n'est pas à la commune de défendre les soldats.

Quel changement dans l'attitude des paysans à notre égard ! On nous refuse un seau d'eau dans une maison.

Un paysan accourt épouvanté; il a vu des uhlans; c'est une panique; tout le monde se sauve; les femmes crient, les femmes pleurent.

Je vois une vieille femme qui, au milieu de ce désordre, continue tranquillement d'éplucher des choux rouges.

— Vous n'avez pas peur?

— J'ai mis le pot-au-feu; le Prussien est sur sa bouche, si vous lui donnez de la viande, il ne vous fait pas de mal; je les ai vus les Prussiens.

Nous partons; et quand nous traversons le village, cette vieille femme nous montre le poing.

Je baisse la tête; j'ai perdu ma fierté.

## IX

Chaque jour nous faisons un pas en arrière du côté de Metz; tous les matins on dit que nous allons prendre position pour livrer bataille; mais, la position prise, nous l'abandonnons. Nous allons en avant, nous revenons en arrière, nous retournons en avant, sans qu'il soit possible de soupçonner les profondes raisons qui déterminent ces ordres et ces contre-ordres. Avec cela un temps abominable; de la pluie sur le dos, de la boue aux jambes, mais souvent rien à se mettre dans l'estomac; en pleine France, à quelques lieues d'un centre comme Metz, on nous laisse souffrir de la faim; nos chevaux trouvent à manger, parce que nous sommes dans un pays fertile et qu'il y a de l'herbe dans les prairies et des moissons sur la terre, mais les hommes manquent de pain ; nous recevons nos approvisionnements avec des retards de plusieurs jours, les fourgons se promènent à notre suite, sans pouvoir nous rejoindre.

On ne grogne plus tout bas, on se plaint tout haut ; les officiers des généraux ; les soldats des officiers. « Vendus, » c'est la conviction du soldat, et il ne se gêne pas pour la dire. La campagne est commencée depuis huit jours à peine, nous n'avons pas été au feu, et déjà la démoralisation a soufflé sur nous son souffle pernicieux. Nous avons perdu la confiance dans les chefs, l'assurance en nous-mêmes : « Ça va mal ; ce n'est pas ça, » voilà les deux mots que chacun répète ; on s'accuse réciproquement : « les généraux ? feignants ; les soldats ? « propres à rien ; » l'empereur ? pour lui seul il y a unanimité, les plus modérés, les plus respectueux haussent les épaules lorsque son nom est prononcé ; et mieux valent encore pour lui les plaisanteries qu'on fait sur son compte que ce mépris et cette pitié. On en est honteux.

— Voyez-vous, nous dit un soir notre maréchal des logis, c'est l'ambition qui l'a perdu ; comme gendarme il a, paraît-il, rendu dans le temps des services à la société, mais il a voulu permuter, il a cru qu'un gendarme pouvait passer soldat, et voilà; jeunes gens que cela vous serve de leçon: n'est pas soldat qui veut; pas vrai, Penanros?

— J'ai jamais voulu être soldat, moi, dit le Breton, j'ai voulu être mitron.

Et l'on faisait des plans de campagne, car malgré tout, on ne pouvait pas, on ne voulait pas désespérer. Le soldat avait conscience de sa valeur, et les récits arrivaient qui le confirmaient dans son sentiment: à Forbach, à Frœschwiller, on s'était si bien battu; ah! si l'on avait eu des chefs. On s'en donnait. Et bien entendu, ceux que nous allions chercher n'étaient pas ceux qui se trouvaient à notre tête: l'heure de la justice populaire avait sonné et les généraux de cour étaient impitoyablement exécutés; par malheur, ils ne l'étaient qu'en parole.

On nous fit prendre des positions sur la Nied, et nous crûmes que nous devions attendre là le choc des Prussiens; la Nied est une petite rivière qui coule au nord-est de Metz, et coupe les deux routes d'Allemagne par lesquelles on attendait l'ennemi; car nos généraux en étaient encore à croire, paraît-il, qu'il n'y a pour aller d'un point à un autre, que la ligne droite. « Vous venez du nord, nous ve-

9

nons du sud, nécessairement nous devons nous rencontrer; si vous prenez un détour, si vous nous tournez, ce ne n'est plus le jeu. »

A la fin on apprit sans doute que les Prussiens avaient l'indélicatesse de ne point accepter cette partie de barres ainsi réglée, car une fois encore on nous fit décamper et marcher en arrière jusque sous les murs de Metz.

En arrivant sous le canon de Belle-Croix, M. de Saint-Nérée me fit appeler.

— Vous êtes toujours fort en géographie, n'est-ce pas ? me dit-il.

— Dame, mon colonel, j'ai eu un professeur qui me l'a si souvent serinée.

— Le petit père Chaufour ; je me souviens ; avec sa perruque et son trottinement, était-il drôle ! Enfin si drôle qu'il fut, il serait bien utile aujourd'hui dans notre état-major ; mais puisqu'il n'y est pas, c'est sur vous, son élève, que je compte. Vous allez vous rendre à Metz, et vous m'achèterez, à quelque prix que ce soit, une carte de la contrée ; choisissez-moi une vraie carte avec le terrain et les chemins ; tâchez aussi de me trouver d'autres cartes du nord de la France au moins jusqu'à Dijon et à Paris.

— Croyez-vous donc que nous reculerions jusque-là ?

— Je n'en sais rien, mais je le voudrais; dans la position où nous sommes, il n'y a qu'une chose à faire, et je n'en suis pas l'inventeur: il faut renouveler la manœuvre de Napoléon Ier dans la campagne de France; laisser une forte garnison à Metz; envoyer des troupes dans la basse Alsace et nous retirer sur le plateau de Langres; les Prussiens, pris entre nous et Paris, seront dans une situation critique. Fera-t-on cela, je n'en sais rien; mais enfin, quoi qu'on fasse, je ne veux pas marcher à l'aveugle. On nous a distribué des cartes d'Allemagne, et nous n'avons pas une carte de France. Encore si nos chefs la portaient dans leurs têtes, cette carte de notre pays! Mais notre brave général Cordebugle me demandait il y a quinze jours si Metz était loin de la frontière; et maintenant il ne veut pas croire aux soixante kilomètres dont je lui ai parlé. « Depuis quinze jours que nous marchons, dit-il, nous avons fait une route de tous les diables : en avant, en arrière, je sais, je sais; mais c'est égal, vos kilomètres sont des lieues de pays, colonel. » Quant à la Nied, avec ses détours et ses deux branches, elle l'a si bien embrouillé, qu'il soutient que la Nied n'est pas une rivière, mais que c'est un mot de patois lorrain qu'on applique à toutes les rivières, et la preuve, c'est qu'on retrouve partout cette Nied.

Je serai bien aise d'avoir une carte à lui mettre sous les yeux ; si je m'y prends bien pour la lui présenter, peut-être voudra-t-il la croire. Allez donc, et tâchez de me rapporter de bonnes cartes ; prenez-en autant que vous pourrez, mes officiers en auront besoin comme moi si l'on se décide à faire des reconnaissances avec quelques hommes, au lieu de les faire avec un régiment. Vous nous rejoindrez sur la route de Pont-à-Mousson ; prenez votre temps.

En entrant à Metz le matin, je rencontrai l'empereur qui se rendait au chemin de fer, et l'on me dit qu'il allait prendre le commandement de l'armée pour la bataille qui était imminente.

La bataille! et l'on m'envoyait à Metz! M. de Saint-Nérée s'était-il entendu avec ma mère pour ménager ma peau? Que diraient mes camarades si je n'étais pas avec eux? Que dirait Suzanne si je n'assistais pas à la bataille? Déjà elle semblait trouver que ma chance était bien persistante ; des officiers, qu'elle me nommait, ses amis, avaient combattu à Wissembourg, à Frœschwiller, à Forbach, et moi je me promenais toujours ; il ne me manquait plus que d'être à me promener derrière les remparts de Metz, tandis qu'on se battait au dehors.

Je me fis ouvrir presque de force le premier magasin au-dessus duquel je lus « librairie, » et demandai des cartes. Mais d'autres officiers avaient eu la même idée que mon colonel; il n'y avait plus de cartes. Il fallait voir chez un autre. Et la bataille? Heureusement on n'entendait pas le canon. Je parcourus toutes les librairies, les unes après les autres, et dans toutes le résultat fut le même; pas de cartes, ou des cartes grossières, à peine bonnes pour des enfants de l'école primaire.

Comme je restais désappointé au milieu de la rue, presque décidé à repartir, je vis l'empereur rentrer à la préfecture : il avait été en avant, il revenait sur ses pas, c'était décidément la manœuvre favorite de l'armée française; nous n'avions pas à nous plaindre, puisque l'empereur lui-même s'y exerçait.

Et véritablement l'exercice devait être dur pour lui, au moins dans les rues de Metz, dans ces rues encombrées de voitures pleines de meubles et de fourrages, sous lesquelles campent les malheureux paysans qui fuient l'invasion. Ils sont là avec leurs familles, leurs bestiaux parqués à la belle étoile, et ils regardent passer l'auteur de leur désastre; sans doute il lit dans leur regards, car il détourne la tête. On n'est plus au temps de « Vive l'empereur! » Parfois la force de l'habitude lui fait machinalement lever le bras pour saluer, mais il le laisse retomber ; saluer qui ? personne ne le salue.

Presque en même temps un régiment défile ; il est propre, les habits sont neufs, les armes en bon état ; il arrive des départements du Nord, dit-on ; les habitants sortent dans la rue ou se mettent aux fenêtres et crient : « Vive l'armée ! » Quel contraste ! A l'accueil chaud et sympathique des Messins, les soldats répondent par le cri : « A bas Frossard ! » De la préfecture on peut les entendre.

J'ai désormais tout le temps nécessaire pour chercher les cartes de mon colonel. Mais où les trouver ? Ne pouvant en obtenir dans le commerce, je pense que mon ami du quartier impérial pourra me venir en aide. Je vais donc à la préfecture, et après mille difficultés j'arrive jusqu'à lui, car je n'ai plus mon uniforme de boueux comme le lendemain de Forbach, et les portes ne veulent pas s'ouvrir devant un simple soldat. Mais s'il y a des cartes au quartier impérial, il y en a trop peu pour que mon ami puisse m'en donner une seule ; de l'Allemagne, tant que j'en voudrai ; de la France, non.

— Au reste, me dit-il, c'est désormais la carte d'Allemagne qui va servir ; le maréchal Bazaine a le commandement en chef ; toute l'armée est dans sa main, on va marcher de l'avant. Ce matin l'empereur commandait encore et il a voulu se mettre à la tête des troupes, mais le maréchal est parvenu à le faire descendre de wagon et à le ramener ici. Pour qu'on ne retombe pas dans les hésitations de ces derniers jours, le maréchal a abandonné son hôtel et s'est établi à la préfecture ; il ne quittera pas l'empereur et le sauvera de ses propres indécisions en même temps que des influences qui sont en jeu pour conserver l'ancien ordre de choses. Vous voyez donc que les cartes d'Allemagne sont maintenant suffisantes ; cependant si vous tenez absolument à vos cartes de France, revenez dans deux heures, je vais vous en faire chercher.

J'employai ces deux heures à remonter ma lingerie déjà en pitoyable état; on me fit payer une chemise de flanelle quarante francs, un foulard vingt francs; patriotes les marchands de Metz, mais commerçants. Et j'étais un soldat, un simple soldat, car on ne pouvait pas deviner que je portais quelques milliers de francs dans ma ceinture de cuir. Puis mes acquisitions faites, je retournai à la préfecture.

— Mon cher d'Arondel, me dit mon ami, il m'a été impossible de vous trouver vos cartes ; voilà tout ce qu'on m'a donné ;— et il me tendit une mauvaise carte routière. — Je le regrette d'autant plus que nous n'allons plus en Allemagne. L'empereur a repris le commandement en chef, et il laisse à Bazaine trois corps seulement, les 2e, 3e et 4e.

— Et pourquoi ce changement?

— Il paraît que la situation s'est améliorée; et l'empereur espère pouvoir y faire face; — il se pencha à mon oreille : — les Prussiens sont menaçants, l'empereur met sa responsabilité sur le dos d'un autre; ils le sont moins, il la reprend. Et puis, entre nous, je crois qu'il a peur de Bazaine. Enfin il ne comprend pas pourquoi l'armée tient tant à Bazaine, car c'est lui, Napoléon III, qui a gagné la bataille de Magenta et aussi celle de Solférino; au moins on le lui a dit, et il le croit; qu'a donc Bazaine à opposer à ces deux victoires? Si vous viviez ici, vous assisteriez à un curieux spectacle, le plus curieux qu'on puisse souhaiter : celui d'un homme qui ne sait rien, ne veut rien, ne peut rien, et croit qu'il sait, qu'il veut, qu'il peut; aussi a-t-il une certaine bonne foi naïve quand il se figure qu'il est utile à la France; à force de parler de la Providence, il en est venu à croire qu'il est réellement son instrument, et s'il fait une chose sans raison ou contre raison, il n'en a pas souci; c'est la Providence qui tient son bras et le pousse.

A ce moment nous fûmes interrompus.

— Tout est changé, dit le nouvel arrivant, le maréchal Bazaine est décidément commandant en chef de l'armée du Rhin.

— Votre nouvelle est vieille; il n'a que le 2ᵉ, le 3ᵉ et le 4ᵉ corps.

— C'est la vôtre, cher ami, qui est vieille; elle est de dix heures du matin, la mienne est de midi; et, à partir de midi, Bazaine commande, seulement on lui impose pour chef d'état-major, le général Jarras.

— De sorte qu'il commande sans commander.

— Parfaitement; aussi, je crois que cette solution est définitive, puisqu'elle n'en est pas une; nous irons au jour le jour, et nous attendrons les événements : la guerre continuera la politique.

— Oui, mais la guerre ne se fait-elle pas plus vite que la politique ?

— C'est à voir.

— Au fait, pourquoi pas?

Je m'en allai pour rejoindre mon régiment. J'étais, je l'avoue, abasourdi. Comment, c'était ainsi qu'on faisait la guerre : à dix heures en avant, à midi en arrière, et cela en présence d'un ennemi qui marchait droit ayant un but déterminé devant les yeux. Et ces officiers, ces courtisans, qui ne croyaient à rien, pas même en leur maître, et qui trouvaient tout naturel qu'on fît des expériences avec l'honneur du pays, *in anima vili*, « c'était à voir. »

Pendant que nos généraux étudiaient la ligne droite, les Prussiens mettaient à profit la ligne courbe qui, jusqu'à ce jour, paraît-il, n'était pas connue dans l'armée française. Nous nous préparions à la défensive sur la Nied, — ou les *Nieds*, suivant le général Cordebugle, — et les Prussiens entraient à Nancy, attaquaient Frouard, la clef de nos communications avec la France, et menaçaient Pont-à-Mousson. C'était contre ces éclaireurs que mon régiment était envoyé.

Mais il était dit que pendant toute cette campagne de Lorraine nous ne verrions pas l'ennemi. Je rejoignis mes camarades à Lorry, qui est un village sur les bords de la Moselle : ils revenaient en arrière; la cavalerie du général Marguerite, qui nous précédait, avait délogé les Prussiens; nous n'avions plus rien à faire de ce côté; on nous rappelait à Metz.

— Il paraît que c'est une gageure, disait mon maréchal des logis lorsque je revins à mon rang; l'ennemi est au nord, on nous dirige vers le sud; il est au sud, vite on nous dirige vers le nord. Voilà ce qui s'appelle avoir de la chance. Et dire que nous avons là-bas, au pays, des amis, des femmes, des mères qui pleurent sur nous. Si j'avais une occasion, ma parole d'honneur j'enverrais mon sabre à ma bonne femme de mère, elle verrait comme il est propre; mais si ça continue, il sera tout aussi propre à la fin de la campagne. Ça la guerre? Est-ce qu'on nous prend pour des généraux?

Ce fut le soir seulement, au campement, que je pus rendre compte au colonel de la mission dont il m'avait chargé. Pendant que je lui racontais mon entretien avec mon ami, le général Cordebugle entra.

M. de Saint-Nérée lui répéta les nouvelles que j'apportais.

— Ainsi, dit-il, voilà le maréchal Bazaine chargé de nos destinées; la France est dans ses mains.

— S'il n'y avait que la France! s'écria le général; mais, colonel, c'est la gloire et la réputation de l'armée française qu'il porte.

Lorsqu'on sut dans l'armée que c'était Bazaine qui commandait, il y eut une reprise d'espérance. Pour le soldat, Bazaine était un soldat, il avait porté le fusil; ce n'était pas un Lebœuf, un Frossard, un de Failly, et c'en était assez. On avait un tel besoin d'espérer qu'on espérait quand même et qu'on reconnaissait au maréchal les qualités qu'on lui désirait. Enfin ce n'était plus l'empereur, et c'était là un mérite qui valait tous les autres. Puisqu'on en était débarrassé, tout pouvait se réparer; un caporal aurait pris sa place, on eût cru au caporal. Beaucoup de vieux soldats, dans nos régiments, avaient fait la campagne du Mexique, et il est vrai de dire que quelques-uns de ceux-là secouaient la tête lorsqu'on parlait de Bazaine; mais tout le monde n'avait pas été au Mexique.

Et puis les mouvements de concentration s'étaient opérés; on n'était plus en l'air, on se sentait les coudes, on se voyait, et en présence de ces régiments bien armés, solides, pleins de courage et de confiance dans leur propre valeur, l'énergie vous reprenait. On était l'armée française; grand mot, grande force. Qu'il vînt un général, et l'on montrerait ce qu'elle valait, cette armée. Il vint, ce Messie attendu, mais ce fut pour la conduire à la capitulation.

Notre marche en arrière nous amena à Ars; là, on nous fit passer la Moselle, et nous suivîmes la rive gauche au lieu de la rive droite. Aux environs de Metz, nous trouvâmes une grande masse de troupes appartenant au corps de Frossard; il y avait bien du désordre dans la marche; les hommes étaient déguenillés, les chevaux étaient cuirassés d'un enduit de boue séchée, et chargés, jusqu'à en être écrasés, d'un lourd paquetage, ce qui n'empêchait pas qu'il y eût à la suite une immense confusion de chariots. Que de voitures! Partout et toujours des voitures! Les soldats nous dirent qu'il avaient reçu des vivres pour quatre jours.

C'était donc un mouvement général, mais dans quel sens! Les uns disaient qu'on reculait jusqu'à Châlons; les autres qu'on préparait un mouvement tournant. Et c'était à ce mot qu'on s'arrêtait : beaucoup d'entre nous n'avaient aucune idée de ce que pouvait être un mouvement tournant, mais précisément pour cela ils avaient confiance.

On nous envoya camper sur les hauteurs qui dominent Metz; et nous restâmes là dans l'inaction pendant toute la journée du dimanche 14 août. Devant nous s'étalait la ville de Metz et la vallée de la Moselle au milieu de laquelle courait la route encombrée de troupes, cavalerie, artillerie, chariots qui défilaient lentement dans une inquiétante confusion. A un certain moment, il se fit comme un arrêt dans ce défilé, et il nous sembla voir sur la route des voitures qui n'appartenaient point à la guerre et qui étaient entourées d'officiers dont les broderies miroitaient au soleil. Les conjectures allèrent vite : c'était le maréchal qui venait prendre le commandement des troupes pour marcher en avant; c'était au contraire l'empereur qui venait se mettre à leur tête pour filer plus vite : « Qui m'aime me suive; c'est demain ma fête. »

Mais tout à coup un petit nuage de fumée, qui s'éleva à l'horizon dans le nord-est, interrompit les conversations; un autre nuage surgit à côté, puis un troisième, puis un autre, puis dix autres; en même temps une commotion nous ébranla : c'était le canon. La bataille était commencée; la bataille de Borny à laquelle nous assistions du haut de notre observatoire.

Jusqu'au soir nous restâmes là spectateurs de ce combat, comme nous avions été auditeurs de celui de Forbach. Décidément, c'était de la chance comme disait Francescas : un cercle de feu entourait Metz dans un vaste rayon depuis Ancy jusqu'à Nouilly, et nous pouvions suivre assez nettement les deux lignes, la nôtre et celle des ennemis; on reculait, on avançait, on reculait encore; les détonations des canons et les brefs roulements des mitrailleuses nous retentissaient dans le cœur. La nuit vient : il semble que les nôtres reculent; mais l'artillerie gravit la côte Saint-Julien, une furieuse canonnade prend les Prussiens en écharpe; les grosses pièces de siége tonnent dans les forts, et les Prussiens sont battus; en se retirant ils incendient des villages: Ancy, Sainte-Barbe.

C'est une victoire; il faudra l'achever le lendemain; on soupe joyeusement; ce sera notre tour sans doute.

— C'est demain que ça va chauffer.

— Il n'est pas trop tôt.

Nous devisons ainsi étendus sur des gerbées d'avoine quand le général Cordebugle arrive et s'arrête devant la tente de notre colonel :

— Victoire! crie-t-il de sa voix formidable et sans descendre de cheval; je viens de quitter l'empereur qui est à Longeville, où il a reçu la bonne nouvelle : en l'apprenant il était ému et s'est écrié : « Enfin le charme est rompu! »

Le charme rompu! Et regardant les villages brûler dans le loitain pendant que nos bivouacs font une ceinture lumineuse à la ville, je ne peux détacher ma pensée de ces mots et du souvenir de Lusinghton. Mais non, c'est impossible; ces mots sont ceux d'un joueur, sans doute.

Après tout, qu'importe : risquer la France sur ceci qui est absurde, ou sur cela qui est fou, la différence n'a pas d'importance.

## X

Le lendemain matin on nous fit monter à cheval avant le lever du soleil.

— Eh bien, d'Arondel, ça y est, me dit Francescas.

Je pensais comme le maréchal des logis que nous allions rentrer à Metz ou bien filer jusqu'à Ars, passer la Moselle et tomber sur le dos des Prussiens ; mais, au lieu d'aller droit devant nous ou de tourner à gauche, nous tournons à droite.

— Pour le coup c'est trop fort, murmure Francescas ; quand l'ennemi est au nord, nous allons au sud ; quand il est au sud, nous allons au nord ;

quand il est au nord, au sud et à l'est nous allons à l'ouest. Quelle chance, bon Dieu, quelle chance ! C'est fait pour vous ça, d'Arondel ; en arrivant au bord de la mer, car nous y arriverons, vous qui sautez bien, vous sauterez, et vous entrerez le premier en Angleterre. Si je comprends tout ça je veux être pendu ; mais Penanros qui n'est qu'une triple brute y comprend peut-être quelque chose, lui ?

— Ce n'était pas la peine de se lever matin, dit le Breton.

— Quand cet imbécile-là ne dit pas de bêtises, c'est la sagesse elle-même qui parle par sa bouche.

Pour nous qui venions de voir le combat autour de Metz, la situation était simple ; les Prussiens enveloppaient Metz dans un fer à cheval qui allait du nord au sud en passant par l'est. Nous n'avions donc qu'à partir de l'ouest et à tourner les Prussiens qui avaient combattu presque sous nos yeux. Mais en raisonnant ainsi, nous ignorions que pendant les huit jours employés par l'empereur à savoir s'il conserverait le commandement ou s'il ne le conserverait pas, à tenir des conseils de guerre soir et matin pour y prendre une résolution le matin, qu'il remplaçait le soir par une autre ; à donner des ordres contradictoires, aujourd'hui pour livrer bataille sur la Nied, demain pour se retirer sur Châlons, — nous ignorions que les Prussiens, qui, eux savaient ce qu'ils voulaient et ce qu'ils faisaient, avaient marché, et qu'à l'heure présente ils menaçaient de nous couper la retraite sur Verdun au moyen de deux armées, — l'une descendant de Trèves, sous le commandement de Steinmetz, — l'autre montant de Nancy, sous le prince royal. D'un autre côté, nous ignorions aussi qu'au lieu de marcher en avant comme nous l'espérions, l'armée manœuvrait pour se replier sur Châlons ; et que notre régiment était désigné pour servir d'escorte à l'empereur, qui prenait les devants, « afin d'être plus tôt à Verdun, » comme il l'a dit lui-même avec une naïveté digne de feu La Palisse.

Et cette ignorance ne se trouvait pas seulement chez nous soldats, elle se trouvait aussi chez nos officiers et nos généraux ; car ceux qui font l'histoire sont précisément ceux qui la savent le moins. En campagne trouver un journal est une bonne fortune, et je me souviens que le soir de mon retour de Metz, on s'inscrivit chez mon lieutenant pour lire un journal que je lui avais rapporté.

Ce fut sur le plateau de Gravelotte que nous apprîmes que nous nous étions trompés en croyant tourner le dos aux Prussiens ; nous donnions au milieu d'eux au contraire. Les gens du pays nous dirent qu'ils étaient en grandes forces du côté de Gorze, c'est-à-dire à notre gauche, et d'autres nous racontèrent que des voyageurs avaient été arrêtés par leurs éclaireurs dans la forêt de Moyeuvre, c'est-à-dire à notre droite. Il n'y avait donc qu'à nous lancer sur eux, et nous pûmes croire que tel était en effet le plan de nos chefs quand on détacha un escadron de notre régiment pour nous faire prendre grand train la route de Verdun par Etain.

— Il faudra faire nos excuses au maréchal, dit Francescas en riant, nous avons parlé comme des triples brutes ni plus ni moins que Penanros. Nous filons dans l'ouest, nous piquons au nord, nous nous rabattons au sud, les Prussiens sont enveloppés et il n'en retournera pas un seul manger la choucroûte du pays : une razzia de moutons, on va s'amuser.

Des troupes nombreuses couvraient le plateau, et le corps de Frossard suivait la direction de Mars-la-Tour. La confusion était grande et la marche lente au milieu de l'artillerie, des voitures, des mulets qui encombraient la route. On voyait des officiers d'état-major aller et venir pour mettre de l'ordre dans cette cohue; mais avec la meilleure volonté du monde c'était bien difficile, sinon impossible.

Pour nous, trottant à travers champs, nous eûmes bientôt dépassé cette foule en désordre, et nous pûmes reprendre la grande route libre. Mais cette course ne fut pas longue; à dix ou douze kilomètres de Gravelotte on fit halte, et l'ordre fut donné de se livrer à un pansage soigné. Pour courir après les hulans à travers les bois, c'était vraiment bien de la cérémonie. On se demanda ce que signifiaient ces attentions délicates; il y avait comme un mystère autour de nous qui se sentait à mille petits riens. Pourquoi cet *astiquage* des hommes et des bêtes? Pourquoi un repos prolongé après une marche rapide? Pourquoi, tout en prenant des précautions plus minutieuses que d'ordinaire, pour nous garder et nous éclairer, l'ordre aux grands'gardes de se replier si l'on apercevait les Prussiens; pourquoi?...

La réponse nous arriva le lendemain matin. A minuit, ordre de seller, et pendant plus de quatre heures nous restons la bride au bras, rangés sur le bord de la route; attendant qui? attendant quoi? mystère; mais à coup sûr attendant et nous morfondant dans le brouillard matineux avec une petite bise aigre qui nous glace. Enfin du côté de Metz on entend le bruit d'une troupe de cavalerie en marche. A cheval. Et nous voyons arriver au trot des chasseurs d'Afrique et des dragons. Ils passent devant nous. Puis, sous les rayons obliques du soleil levant, il se fait un grand miroitement sur la route, l'or des broderies nous éblouit les yeux.

— V'là l'état-major général qui vient se mettre à notre tête, dit notre maréchal des logis, il n'y aura pas de casse.

Ce n'est pas l'état-major, c'est l'empereur et le prince impérial ; ils arrivent dans une calèche entourée de cent-gardes, et leurs précieuses personnes disparaissent sous des couvertures.

Au moment où nous nous plaçons à la queue de ce cortége, nous voyons dans le lointain vers le sud des projectiles creux qui éclatent en l'air ; c'est la bataille de Gravelotte qui commence : et, sans savoir comment elle tournera, on distrait de l'armée plusieurs régiments de cavalerie « pour que l'empereur soit plus tôt à Verdun. » Parmi nous on se dit que sans doute elle tournerait mal, puisque Sa Majesté se sauvait : il était venu se mettre à la tête de l'armée pour triompher et récolter une moisson de lauriers ; il ne triomphait pas ; il était exposé à la fatigue et au danger ; il s'en allait : c'était logique.

L'histoire racontera cette odyssée, qui serait le

dernier degré de la honte, si, plus bas encore, cet homme n'avait trouvé moyen de placer sa capitulation de Sedan. Je n'en parle donc pas, pour ne point forcer le ton de mon récit, car ce qui convient à la trompette d'airain est trop élevé pour un fifre modeste comme le mien. De même je ne parle pas non plus de l'embarquement de cette majesté déchue dans un wagon de troisième classe, à la gare de Verdun. Plus de train impérial, plus de voitures luxueuses, mais un méchant wagon encore plein des ordures laissées par les soldats, et qu'on ne permet pas de nettoyer, tant on est pressé; plus de cristaux, plus de vins fins, mais un verre qui vient de servir aux hommes d'équipe, et qu'on est heureux de vider.

Alors, regardant ce spectacle lugubre, j'en viens, par un enchaînement d'idées tout naturel, à penser à Shakespeare, et me rappeler les mots de Richard III sur le champ de bataille : « J'ai mis ma vie sur un coup de dé, un cheval, un cheval, mon royaume pour un cheval! » Ce sanglant misérable demandait un cheval pour combattre encore, la bataille perdue; celui-là demande un wagon pour se sauver plus vite de la mêlée où il a joué, non sa vie, mais la nôtre.

On nous laissa pendant plusieurs jours à Verdun,

campés sur les glacis de la place. Pendant ce temps, après la bataille de Gravelotte, dont nous avions vu les premiers obus, se livre la bataille de Saint-Privat. Mais nous ne savons rien ; personne ne vient par la route que nous avons suivie, et bien que nous ne soyons éloignés des deux champs de bataille que d'une dizaine de lieues, nous restons dans une ignorance absolue de ce qui s'est passé ; l'empereur lui-même en est réduit à envoyer cette dépêche invraisemblable au maire d'Étain : « Avez-vous des nouvelles de l'armée ? » Les forces ennemies sont donc bien formidables qu'on ne nous lance pas sur elles pour les percer ou tout au moins les inquiéter ? Qu'est devenu Bazaine ? S'il n'arrive pas à Verdun, c'est qu'il a été arrêté, battu. Les dépêches de Paris parlent, il est vrai, d'avantages pour nous ; mais elle sont tellement mystérieuses, ces dépêches, sous une apparence de bonhomie militaire, qu'on se prend à douter. Il y a dans Verdun un grand nombre de personnes qui connaissent ces fameuses carrières de Jaumont dont le général Palikao a parlé d'une façon si dramatique, et toutes soutiennent que l'ensevelissement des Prussiens dans ces carrières est matériellement impossible.

Enfin l'ordre arriva de quitter Verdun, et l'on recommença à nous promener dans des marches en avant suivies aussitôt de marches en arrière qui nous exténuaient, gens et bêtes. Cependant nous n'étions pas encore trop découragés; le premier moment de déception passé, nous nous étions repris à espérer. Le pays que nous parcourions semblait si facile à défendre; Valmy était à quelques lieues derrière nous, et c'était là qu'une première fois les Prussiens avaient été anéantis. Nous valions bien sans doute les volontaires de la république. Et puis Mac-Mahon avait réuni à Châlons une seconde armée, et si la réputation de tous les généraux de cour avait sombré dans nos premiers désastres, celle du maréchal surnageait encore malgré Frœchwiller; il avait été écrasé, il n'avait pas été battu: les paysans nous avaient dit, du côté de Saint-Mihiel, que le premier mot des Prussiens en arrivant dans les villages était pour demander : « Où est Mac-Mahon? Avez-vous des chasseurs d'Afrique ? » Et la peur qu'ils avaient du maréchal nous donnait confiance en lui; en même temps, nous étions fiers du respect que nos camarades plus heureux que nous avaient inspiré à l'ennemi. Ce n'était pas notre faute si, au lieu de nous employer à déloger les uhlans des bois, nous avions été paralysés pour escorter l'empereur. « Trop de chance, » comme disait mon maréchal des logis.

Ce fut au camp de Reims que nous rejoignîmes notre corps, mais nous arrivâmes dans des circonstances qui étaient faites pour donner une triste idée de la discipline de l'armée. Des trains d'approvisionnement avaient été pillés par des soldats débandés ; les caisses de biscuit, de lard, de liquides, avaient été défoncées, et ceux qui avaient commis ce pillage vendaient effrontément les produits de leur vol, sans que personne pensât à les faire arrêter. Loin de là, on les entourait. Un de mes camarades leur acheta deux jambons pour vingt sous, et il m'en revendit un trois francs. On ne s'en était pas tenu aux caisses de comestibles, on avait aussi brisé des malles d'officiers, et comme pour les vivres, on faisait trafic des objets qu'on y avait pris. Il faut dire que quelques-uns de ces pillards avaient perdu leurs sacs à Frœschwiller, et que depuis trois semaines, après une retraite lamentable dans la boue, sous la pluie, dans la poussière, ils avaient marché sans changer de linge. Est-ce une excuse? Non, sans doute ; mais une armée ne se recrute pas parmi les anges, et il est dangereux de laisser des hommes que la démoralisation commence à atteindre, dans des conditions où le besoin éveille leurs appétits mauvais.

Si j'avais été témoin à l'armée du Rhin d'actes de désobéissance qui indiquaient un relâchement dans la discipline, je vis à l'armée de Châlons la négation même de toute discipline.

Sans doute, dans les vieux régiments comme le nôtre, et aussi dans l'infanterie de marine qui marchait avec nous calme et silencieuse, le respect de la règle chez le soldat et chez l'officier était resté à peu près intact, mais il n'en était pas ainsi dans les régiments de marche, cette funeste invention du général de Palikao.

Que de fois, en passant devant les auberges et les cafés qui bordaient notre route, nous avons vu des soldats attablés! D'où venaient-ils? où allaient-ils? Personne n'en avait souci. Ils étaient là et ils restaient à s'enivrer dans une ivresse bestiale.

Un jour, dans un petit village des environs de Vouziers, nous passions devant un cabaret, lorsqu'un groupe de soldats de toutes armes, des zouaves, des chasseurs, des cuirassiers, qui étaient à boire, se mit à nous lancer des railleries.

— Où vont-ils ces perroquets rouges et bleus?

—Restez donc avec nous au lieu d'aller vous faire crever la peau.

— J'étais à Frœschwiller, moi, j'en ai assez, je n'y retourne pas.

Nous étions détachés pour une corvée, et sous le commandement de Francescas.

— C'est trop fort! s'écria celui-ci. Et descendant de cheval, il alla prendre par le cou un grand diable de cuirassier qui criait plus fort que les autres; puis, moitié le portant à bras tendu, moitié le poussant, il le jeta dans un fossé plein d'eau et de purin, qui se trouvait de l'autre côté de la route.

Les soldats, qui étaient moitié plus nombreux que nous, firent mine de vouloir défendre leur camarade, mais ils n'osèrent et ils se contentèrent de saluer notre départ de leurs chants orduriers. Les paysans qui nous regardent nous applaudissent, car partout, sur notre passage, ils se plaignent d'être pillés et volés par nos soldats; on en trouve même qui disent qu'ils n'auraient pas plus à souffrir des Prussiens. C'est bien triste, car c'est vrai; dans l'armée même on se vole entre soi.

L'ennemi nous suivait, s'il ne nous précédait pas, et aux environs d'Attigny, on dit que nous allions livrer bataille. Alors, comme nos généraux et nos officiers n'avaient point profité des premières leçons de la guerre et continuaient à traîner à leur suite un entassement prodigieux de voitures et bagages de toutes sortes, on songea à mettre en sûreté ces fourgons, ces voitures particulières, ces chevaux de main conduits par des soldats, et on organisa des convois de dégagement que nous dûmes escorter, car les reconnaissances ennemies nous serraient de près.

— Ça va mal, ça va mal, disaient les vieux soldats ; quand le déménagement commence c'est mauvais signe ; nos généraux veulent bien risquer l[illegible] peau, mais ils mettent leurs bibelots à l'abri.

— Il faudra voir si les généraux, le jour de la bataille, font pour leur peau comme ils ont fait pour leurs bibelots.

On arriva, marchant lentement sur les hauteurs qui bordent la Meuse ; mais les Prussiens nous avaient devancés pour nous barrer la route de Metz, et pendant deux jours on nous promena là de collines en collines sans qu'il fût possible de deviner ce qu'on voulait faire de nous ! Où allons-nous ? Personne n'en sait rien. Nous sommes harassés ; depuis trois jours, grâce à l'intelligence avec laquelle on nous indique nos campements, nos chevaux n'ont pas bu ; sans mon jambon que je porte suspendu à ma selle, je serais mort de faim.

Et tout autour de nous retentit le canon ; de temps en temps on voit de petits nuages blancs surgir dans le ciel : ce sont des obus français, des obus à « fusée fusante » qui éclatent en l'air. On se bat partout; est-ce une grande bataille qui est engagée? On dit que le général de Failly s'est laissé surprendre et qu'il est en déroute; encore Failly. On dit que Bazaine arrive pour nous donner la main: les Prussiens vont être cernés. Mais nous commençons à être insensibles aux on-dit; on ne croit plus à rien, surtout on ne croit plus en soi.

Le temps est passé où le soldat « était une triple brute, » comme notre camarade Penanros, et allait droit devant lui, sans s'inquiéter de rien; maintenant il raisonne, il veut comprendre, et quand il a compris qu'il n'est pas commandé et qu'on le conduit au hasard, il a perdu sa force; les Allemands, qui raisonnent plus que nous, eussent été démoralisés plus vite que nous s'ils avaient eu des chefs comme les nôtres; les officiers avaient confiance dans le général de Moltke, les soldats dans les officiers.

Le 31 août, à huit heures du soir, nous passons en vue d'un grand village qui brûle; on nous dit que c'est Bazeilles; nous allons camper; mais il paraît que nous avons perdu notre corps ou que notre corps nous a perdus. Toujours est-il qu'on ne peut obtenir le moindre renseignement. Pas un

10.

officier d'état-major pour nous guider ou nous répondre.

Dans le lointain, on aperçoit des lumières d'une ville, c'est Sedan. On campe où l'on est, tant bien que mal, c'est-à-dire très-mal, car nous mourons de faim; on n'a pas mangé de la journée, et la veille on a si peu mangé que cela ne compte pas. On se met à la recherche des vivres pour nous et pour nos chevaux. Mais il y a des hommes qui sont dans un tel état d'épuisement qu'ils se laissent tomber à terre et s'endorment roulés dans leurs manteaux : — Au diable, assez comme ça; arrive que voudra.

Mon jambon m'a soutenu, et avec ceux qui ont gardé de l'énergie, j'allume le feu, car il fait très-froid; le café nous réchauffera. Nous étions en train de boire ce café lorsqu'on vient me chercher de la part du colonel.

— Si le colonel vous donne une cuisse de poulet, dit Francescas, je vous permets de me rapporter l'os; bien que votre supérieur, je l'accepterai.

Mais ce n'est pas pour partager son dîner, qui se compose de deux sardines, que M. de Saint-Nérée m'a fait appeler.

— J'ai un service à vous demander, sortons si vous n'êtes pas trop fatigué; pour causer, nous serons mieux en plein air.

De la colline où nous sommes campés, nous apercevons dans la nuit un immense cercle de feu, ce sont les bivouacs de notre armée ; le spectacle est splendide.

— Oui c'est très-beau, dit M. de Saint-Nérée ; mais ce qui m'inquiète, c'est de ne pas voir les feux allemands ; ces gens-là font leurs coups la nuit, et tandis que nous nous chauffons, ils doivent manœuvrer ; j'ai peur de les trouver demain matin établis solidement dans toutes les bonnes positions. C'est pour cela que je vous ai fait appeler, car j'ai la conviction qu'il va se livrer demain ici une bataille terrible. Nous sommes acculés à la frontière ; la route de Metz nous est fermée, peut-être aussi celle de Mézières ; il faut se battre ; combien avons-nous d'ennemis autour de nous ? toute la question est là. Dans ces conditions il est donc sage de se préparer. Voici un papier que je vous demande de serrer soigneusement ; c'est mon testament.

— Mon colonel !

— Je vous donne mon petit appartement de Paris ; mais c'est un fidéi-commis. Les tableaux et les bijoux que j'y garde ne sont pas pour vous ; il y a six petits tableaux de prix et des parures en diamants et en perles. J'avais collectionné cela dans des temps heureux pour une personne qui m'était chère; vous trouverez le nom de cette personne dans le testament quand vous l'ouvrirez. Les tableaux et les joyaux sont pour la fille de cette personne qui a aujourd'hui huit ans. Tous les ans, à sa fête, le 14 février, elle s'appelle Valentine, et à l'anniversaire de demain, si la journée de demain est malheureuse, vous lui enverrez un tableau et un bijou; puis dans quatre ou cinq ans vous tâcherez de la voir et vous lui parlerez d'un certain colonel de Saint-Nérée qui l'aimait tendrement, très-tendrement, quand elle était petite. C'est au fils de mon meilleur ami que je demande ce service.

J'étais profondément ému; je voulus dire quelques mots; mais M. de Saint-Nérée m'interrompit.

— Allez dormir, mon ami, prenez des forces: la journée de demain sera rude.

Je m'éloignais, il me rappela.

— Vous l'embrasserez ainsi, dit-il.

Et il me serra dans ses bras.

## XI

L'histoire raconte que des guerriers fameux ont dormi dans une parfaite tranquillité, la veille des grandes batailles. N'étant ni guerrier, ni fameux, j'avoue que je n'ai pas eu cette bonne fortune, pendant la nuit qui précéda la bataille de Sedan. J'étais profondément troublé par les paroles de M. de Saint-Nérée, et, faut-il le dire, j'étais en même temps ému d'une crainte assez vive.

On allait se battre. Quelle serait ma conduite dans la bataille? Quel serait mon courage? Je m'étais batu une fois en duel, et je ne m'en étais pas mal tiré. Mais l'épée d'un adversaire ne ressemble en rien à une pluie d'obus ou à la charge d'un régiment de cuirassiers blancs. Il me semblait que je ferais mon devoir. Mais enfin je n'étais sûr de rien; c'était une expérience à risquer; et en face d'une expérience, on a le droit de se sentir inquiet, au moins jusqu'à un certain point.

D'ailleurs, alors même que j'aurais eu la sénérité d'âme d'un héros, je n'en aurais pas moins trouvé des difficultés à m'endormir ce soir-là, car mon maréchal des logis ne voulait pas se taire. Subissant l'influence nerveuse du grand événement qui se préparait, il usait sa fièvre dans des discours sans fin qu'il adressait à sa victime ordinaire, « cette triple brute de Penanros, » et pour cela il empruntait l'accent marseillais. En toute autre circonstance, ce parler marseillais dans la bouche d'un enfant du *Gerse* m'eût fait rire, car il était vraiment drôle, mais je n'avais point l'esprit disposé à la drôlerie, ni le cœur à la gaieté. J'abandonnai notre tente et enveloppé dans ma peau de mouton, roulé dans mon manteau, j'allai me coucher à la belle étoile; la nuit était froide, le temps clair, et quand j'ouvrais les yeux, je voyais le ciel rouge; la grande quantité de feux allumés partout sur les collines produisait à peu près le même effet que la réverbération des innombrables lumières de Paris.

Je m'endormis enfin, mais d'un sommeil plus pénible que la veille ; j'étais défiguré par un coup de sabre et j'avais une jambe emportée par un obus ; quand Suzanne me revoyait dans ce piteux état, elle me riait au nez : « Ah ! mon pauvre cher, disait-elle, que vous êtes drôle ainsi ; je vous plaindrais davantage si vous n'étiez pas si laid ; » quant à miss Clifton, qui se trouvait avec Suzanne, je ne sais comment, elle me donnait une poignée de main en me disant : « Un homme est bien malheureux quand il ne peut plus être utile. »

Le froid du matin m'éveilla : il faisait déjà jour, c'est-à-dire que l'aube éclairait l'Orient d'une lueur blanche ; au-dessus de la vallée s'étalait un léger brouillard dans lequel flottaient des cimes de peupliers. Au moment où j'ouvrais les yeux, je ressentis une commotion. C'était un coup de canon qui avait été tiré à l'est. Puis bientôt partit un autre coup au sud ; puis presque en même temps un autre au sud-ouest. La bataille commençait-elle? Je me dressai vivement sur mes jambes. Mais ces coups isolés, tirés dans le loitain, ne furent pas suivis d'autres coups. Les Prussiens, comme l'avait prévu M. de Saint-Nérée, avaient manœuvré pendant la nuit ; ils s'étaient établis autour de nous, et au jour levant ils prenaient leurs distances pour placer utilement leurs batteries; ces détonations provenaient simplement de cet essai : on ne saurait avoir plus de méthode, de précaution et d'économie.

Comme nous étions arrivés de nuit à notre campement, je n'avais aucune idée de notre position. A la clarté du jour naissant, je vis que nous étions sur la pente des collines qui forment la rive droite de la Meuse; devant nous, dans la vallée, coulait la rivière qu'on ne voyait pas, mais qu'on devinait au long serpent de brouillard qui se déroulait au-dessus de son cours sinueux; derrière nous s'étendaient à perte de vue des grands bois; l'armée française était rangée entre la rivière et ces bois, et aussi loin que les yeux pouvaient aller, on apercevait des régiments de toutes armes. Comme toujours, en présence de cette force considérable, je me sentis réconforté; nous étions là en nombre, et nous nous appuyions sur une place forte, Sedan, dont j'avais vu les lumières pendant la nuit. Puisque nous avions la frontière belge à dos et la rivière en tête, les Prussiens ne pouvaient nous attaquer que par la droite ou par la gauche; sans savoir ce que c'était que la stratégie, je sentais cela et m'en trouvais rassuré. Ils avaient déjà commencé cette attaque par Bazeilles. Quelle heureuse chance si Bazaine arrivait, comme on l'espérait, pendant la bataille! ils seraient pris entre deux feux et écrasés.

A peine étions-nous à cheval que la fusillade commença du côté de Bazeilles; puis le canon fit entendre sa grosse voix, et les roulements des mitrailleuses se succédèrent sans interruption. La bataille était engagée; comme une traînée de poudre qui prend feu elle courut bientôt tout autour de nous; les Prussiens étaient partout. Mais je constatai avec un certain sentiment de satisfaction qu'ils étaient éloignés. Nous étions bien placés pour voir; le soleil se levait; j'allais donc assister à une bataille. Il est vrai qu'à un moment donné il faudrait sans doute descendre dans la mêlée; mais alors comme alors; le commencement était splendide, on prendrait la suite comme elle viendrait.

Je fus très-heureux de ne ressentir en moi qu'un sentiment de curiosité; aussi quand Francescas me demanda comment « ça allait », je lui répondis fièrement que « ça allait bien. »

— Oui, là, dit-il en posant son doigt sur mon cœur; mais là? sous cette belle ceinture? Hein?

— Là et là, c'est la même chose.

— Alors ça ira? car du coup vous savez ça y est; mais puisque ça devait venir, c'était bien inutile de nous amener jusqu'ici : aux environs de Châlons, la place était aussi bonne, et nous aurions été moins éreintés.

Le feu de l'artillerie prit rapidement une grande activité ; c'était à croire que les Prussiens avaient des batteries partout ; on ne les voyait point ; mais on les entendait, et l'oreille était assourdie de leur formidable tapage. Leurs obus se suivaient sans interruption : aussitôt qu'un de nos régiments prenait une position, on voyait les obus le suivre et le chercher ; d'abord ils tombaient autour de lui, en avant ou en arrière ; puis aussitôt qu'il était arrêté, ils tombaient au milieu des rangs, où ils éclataient.

Je ne voyais point les nôtres éclater dans les lignes prussiennes, et il me semblait que le plus grand nombre faisait explosion avant d'avoir atteint le but ; comme effet de fumée c'était très-joli ; mais on se bat pour faire des ruisseaux rouges, et non pas pour faire des petits nuages blancs qui voltigent en l'air au caprice du vent.

Ces ruisseaux de sang ne coulaient pas encore parmi nous. Cependant les obus paraissaient faire de grands ravages dans nos lignes ; et regardant leur effet, je ne pouvais m'empêcher de penser que le moment serait désagréable quand ils commenceraient à tomber au milieu de nos escadrons.

Ce moment ne tarda pas à arriver. Nous étions plusieurs régiments de cavalerie groupés sur notre colline : des cuirassiers, des dragons, et quand le soleil eut percé le brouillard, il brilla sur les casques et les cuirasses qu'il frappa de ses rayons obliques. Aussitôt les Prussiens nous firent savoir qu'ils allaient s'occuper de nous, et que notre tour était venu.

J'entendis un soufflement étrange au-dessus de ma tête qui ne ressemblait en rien au bruit que je connaissais. Je levai vivement les yeux : c'était un obus ; il éclata derrière nous, à quelques centaines de mètres, dans la colline sur laquelle nous étions massés. Instantanément un second passa sur nous, puis un troisième, et alors, sans savoir ce que je faisais, je me couchai sur le cou de mon cheval.

— Eh bien ! s'écria Francescas, qu'est-ce que c'est ; pas de ça à côte de moi, hein !

Je me relevai vivement, honteux de ce mouvement involontaire, et me tins roide sur mon cheval comme un paratonnerre. Non-seulement je ne pouvais pas nier ce mouvement, mais encore j'éprouvais un sentiment indéfinissable : mon cœur battait à grands coups forts, et, au-dessous du cœur, sous la ceinture comme disait Francescas, je sentais mes nerfs se contracter et se tordre. Je ne sais pas si c'était de la peur; mais à coup sûr, c'était de l'émotion, une profonde émotion, que je n'ai pas retrouvée depuis, car on s'habitue bien vite au bruit des obus.

— Allons, allons, dit Francescas, devinant à ma pâleur ce qui se passait en moi, c'est le froid : buvez une goutte.

Et il me passa sa gourde.

Au reste, je ne fus pas le seul à courber la tête. Les cuirassiers qui étaient près de nous étaient les fameux cuirassiers de Frœschwiller; je vis parmi eux des hommes se courber sur leurs chevaux, et cela me consola. Il est vrai que ceux qui eurent cette faiblesse étaient peut-être des jeunes soldats ou des hommes de la réserve qui se trouvaient au feu pour la première fois.

Ce feu était terrible; les Prussiens bien certainement nous avaient pris pour cible; les obus tombaient comme grêle; s'ils avaient été bien tirés, ils nous auraient mis tous en lambeaux, mais heureusement ils passaient toujours au-dessus de nous pour aller labourer la colline.

Allions-nous rester là durant toute la journée : nos chevaux étaient affolés par la frayeur; on avait la plus grande peine à les retenir, et souvent ils s'emportaient en mettant le désordre dans les rangs.

Pendant ce temps la bataille se développait autour de nous et surtout au-dessous de nous; et, chose étonnante, bien que le feu de l'artillerie fût épouvantable, puisque plus de douze cents pièces étaient en batterie, celui de la mousqueterie était plus formidable encore, c'était un roulement rapide et continu qui dominait tout.

Malgré ce tapage on causait dans nos rangs, les uns disaient que ça allait bien, les autres que ça allait mal. Pour moi, je voyais que ça allait: mais c'était tout. Avancions-nous, reculions-nous! Il m'était impossible de m'en rendre compte; il me semblait que les batteries prussiennes, éloignées le matin, se rapprochaient; nous étions comme dans un arc, libres seulement du côté de la corde, et le cercle qui nous enfermait se resserrait.

La position était devenue si mauvaise pour nous, qu'on se décida à la fin à nous en retirer. Nous avions vu nos généraux le matin, puis ils avaient disparu; et c'était sans doute pour les attendre que nous étions restés là si longtemps. Les cuirassiers partirent les premiers, les dragons les suivirent, sans doute pour chercher une place de bataille meilleure que cette colline. Puis, à notre tour, on nous emmena dans un petit vallon, à côté d'un cimetière, ce qui fit faire toutes sortes de plaisanteries aux esprits forts.

Ce qu'il y avait de particulier dans notre position, c'est que nous étions isolés dans l'armée française exactement comme si nous étions des neutres, Belges ou Anglais, venus là pour jouir de la bataille en curieux. Nous avions été détachés la veille de notre corps, et n'ayant pu le retrouver le soir, on avait compté sur le lendemain pour faire cette recherche. Mais le lendemain, la bataille avait commencé avec le jour, et nous étions restés à la place où nous avions campé. Pourquoi nos généraux n'avaient-ils pas employé la nuit à chercher leur corps, pourquoi le commandant de ce corps n'avait-il pas cherché ses régiments, bien entendu, je n'en sais rien. Je dis ce qui est, sans me charger de l'expliquer. D'ailleurs, ce désordre incroyable n'a pas été spécial à notre régiment; d'autres que nous ont été égarés comme nous.

Nous étions dans ce vallon, parfaitement abrités depuis plus de trois heures, n'assistant à la bataille qu'avec les oreilles, quand un officier d'ordonnance vint parler à notre colonel, et aussitôt on se mit en marche. Naturellement, nous pensions qu'on nous conduisait au feu, ou tout au moins que nous allions rejoindre notre corps, mais il n'en était rien; notre général de division et notre général de brigade nous avaient abandonnés; notre commandant en chef ayant des affaires sur les bras ne pensait pas à nous, et c'était notre colonel qui bravement cherchait une place où nous pourrions nous employer.

Ce fut alors une véritable promenade sur le champ de bataille; une promenade militaire, comme disaient les farceurs.

Bien entendu, cette promenade ne se faisait pas en avant des lignes de combat, mais en arrière, et le spectacle n'en était que plus lamentable: car déjà un grand nombre de régiments s'étaient repliés vers la ville, et ces débris mutilés, noirs de poudre, sanglants de blessures, donnaient une mauvaise idée de la situation. Ils revenaient du combat, et quand on pouvait leur demander comment allait la bataille, ils secouaient la tête et disaient: « Ça va mal. »

A côté de ses troupes qui avaient fait le possible, combien d'autres n'avaient rien fait du tout! Descendus des hauteurs nous pouvions maintenant embrasser du regard presque tout le champ de bataille, et sur le versant des collines on voyait des divisions d'infanterie qui restaient massées dans l'inaction, tandis qu'à travers les arbres on voyait aussi des régiments de cavalerie réfugiés au fond des ravins ou des gorges qui restaient pied à terre. Ils disputaient les bonnes places aux ambulances qui quelquefois étaient obligées de s'établir à découvert, alors que des régiments valides se mettaient soigneusement à l'abri.

Pendant cette promenade, il se produisit dans l'armée un mouvement général qui paraissait inexplicable et qui l'était, en effet, pour qui ne connaissait pas la marche des événements ; c'était celui ordonné par le général Wimpfen succédant à celui qu'avait commencé le général Ducrot ; on avait porté les troupes à droite, on les avait ramenées à gauche, on les reportait à droite.

Nous avions à peu près parcouru toute notre ligne, quand nous vîmes une assez grande masse de cavalerie postée sur un plateau, le long d'un bois. Notre colonel voulut nous joindre à cette cavalerie : c'étaient des troupes de notre arme ; si elles faisaient quelque chose, nous ferions comme elles.

L'occasion ne tarda pas à se présenter. Nous avions devant nous de l'infanterie ennemie en nombre qui menaçait de s'emparer des bois ; et comme notre infanterie était trop faible, comme notre artillerie était d'un trop petit calibre pour répondre à celle des Prussiens, on dut ou abandonner notre position ou nous charger de la défendre.

On nous forma en colonnes par régiments déployés, et les trompettes sonnèrent la charge. Le moment était venu.

— Vous qui avez un mouchoir, me dit Francescas, prenez-le et enveloppez votre main droite avec ; le sabre est plus solide ; et de la pointe, n'est-ce pas ?

J'étais ému, mais, heureusement, mon émotion ne ressemblait en rien à celle du matin.

On s'ébranla. Nous avions environ deux mille mètres à parcourir, ils se firent au galop ; nos braves chevaux effleuraient à peine la terre. Les Prussiens nous attendaient bravement, car le temps n'est plus où une charge de cavalerie effraye le fantassin ; celui-ci, qui sait que son arme tire très-vite, est presque certain de ne pas laisser venir les chevaux jusqu'à lui, s'il reste ferme. Sans se former en carré, car je crois qu'ils n'emploient pas ce genre de combat, ils firent sur nous un effroyable feu de vitesse, et nous n'arrivâmes même pas jusqu'à eux. A cinquante mètres de leurs lignes, le premier escadron fut complétement fauché et forma devant nous un amas d'hommes et de chevaux presque infranchissable.

Nous sommes ramenés en arrière, poursuivis par la fusillade et les obus. Heureusement un secours en artillerie nous est arrivé : nous avons des pièces en batterie, leurs obus passent par-dessus nos têtes et arrêtent les Prussiens. Nos trompettes n'ont point été tuées; je vois M. de Saint-Nérée faire un signe. On sonne de nouveau la charge et nous retournons aux Prussiens.

Mais cette fois comme la première, nous sommes foudroyés à courte distance; cependant nous passons à travers les balles, nous sautons par-dessus les cadavres, et les Prussiens plient devant nous ; mais, presque aussitôt pris en flancs, nous sommes fusillés et repoussés.

Quand nous nous trouvâmes sur le plateau, on se compta : plus des trois quarts des nôtres manquaient. En moins de dix minutes, notre régiment avait été détruit; et quand je pense à cette charge, je me demande comment nous n'avons pas été tués tous, du premier au dernier.

C'est autour de notre colonel que nous nous rallions : je me tâte et tâte mon cheval pour voir si nous sommes vraiment en vie. Nous n'avons rien. Francescas arrive. Il n'a plus à la main que la poignée de son sabre.

— Ma parole, dit-il, je n'ai frappé que de la

pointe, mais ces gueux de Prussiens ont des cuirasses sur la poitrine; mon sabre s'est cassé. Dans l'autre charge, piquez au nez, d'Arondel, au nez, au nez.

Il chancelle et roule de cheval. Je mets pied à terre pour le secourir.

— Inutile, dit-il, je crois bien que je ne reverrai jamais le *Gerse*.

Il fallut abandonner ce plateau si chèrement défendu et descendre dans la plaine où la confusion était grande. Nous marchions au milieu des cadavres et des blessés qui se traînaient en gémissant. Spectacle horrible : où donc est Napoléon III, où est Ollivier, où est Lebœuf?

Dans notre route, je m'approche de M. de Saint-Nérée; il a les larmes aux yeux et me regarde tristement.

— Vous voyez, lui dis-je.

— Oui, mais ce n'est pas fini.

La lutte continue, en effet; tandis que depuis longtemps des généraux et des régiments ont été se mettre à l'abri dans la ville, il y a d'autres généraux qui combattent toujours.

Un général, qu'on me dit être le général Ducrot, nous arrête ; il a quelques régiments autour de lui, et les débris de la cavalerie et de l'artillerie.

Les Prussiens qui ont occupé le terrain abandonné nous accablent d'obus, tandis que leur infanterie s'avance dans la plaine. Partout leur cercle s'est rapproché; nous sommes dans un étau de fer qui nous écrase.

On veut l'écarter, ou tout au moins faire dedans une trouée, et une fois encore on s'adresse à la cavalerie. Nous sommes là des chasseurs d'Afrique, des hussards, des chasseurs à cheval.

On nous reforme, et M. de Saint-Nérée se met à notre tête :

— Allons mes enfants, nous dit-il, pour l'honneur de la France !

Un obus siffle et je roule à terre; un éclat a ouvert le ventre de mon cheval. Quand je me relève, étourdi, je regarde autour de moi. M. de Saint-Nérée est étendu sur le sol. Je cours à lui; moins heureux que moi, il a reçu un éclat dans la poitrine qui lui a fait une blessure horrible.

Il ne peut pas parler, et sa main serre la mienne.

## XII

La charge de cavalerie n'avait pas réussi ; huit cents hommes au moins s'étaient fait écraser. Le retour fut comme ces ressacs qui, dans les jours de tempête, ont autant de puissance que la vague elle-même : il entraîna tout sur son passage. Je voulus cependant arrêter quelques-uns de ces hommes pour qu'ils m'aidassent à emporter notre pauvre colonel ; mais comment? on passait près de moi sans faire attention à mes appels, ou bien ceux qui dans leur course daignaient tourner la tête de mon côté, me répondaient par des plaisanteries ou des propos cyniques :

— Puisqu'il est mort, laisse-le tranquille.

— L'as-tu fouillé?

Il y avait près de l'endroit où nous étions tombés une sorte de fourré d'épines, de prunelliers et de ronces, duquel on s'écartait tant il paraissait impénétrable dans son enchevêtrement. Je pris M. de Saint Nérée dans mes bras et le portai jusque-là; puis, à grands coups de sabre, je creusai un trou au milieu des ronces. Bien qu'il fallût se hâter, car la grêle de balles qui me passait au-dessus de la tête augmentait de violence d'instant en instant, je restai un moment hésitant avant de me décider au dernier devoir qui me restait à accomplir. Enfin je retirai de ses poches, dans lesquelles le sang avait coulé, un étui à or, un portefeuille en cuir de Russie et un médaillon en émail représentant une petite fille aux cheveux blonds.

Les Prussiens s'étaient rapprochés, il fallait se sauver ou se laisser prendre. Je ne voulais pas être pris : mais en courant j'étais furieux contre moi-même, et quand une balle me sifflait près de la tête, je me disais :

— Si tu reçois une balle dans le dos, ce sera bien fait; tu n'auras que ce que tu mérites.

J'arrivai auprès d'une route qui coupait le champ de bataille; mais il ne fallait pas songer à la prendre, la cavalerie affolée, les canons, les fourgons, les caissons, les voitures y défilaient comme une avalanche qui renverse et emporte tout sur son passage; tout cela tassé pêle-mêle emplissait la route bord à bord. Je coupai à travers les terres, suivant ce flot humain et me dirigeant où il se dirigeait, sans savoir précisément où, vers la ville sans doute. De temps en temps un obus éclatait, des hommes tombaient le nez dans la terre, les bras étendus; personne n'y faisait attention. On se hâtait, et les Prussiens, qui pouvaient tranquillement pointer leurs coups sur ce troupeau qui ne se défendait plus, tiraient dans le tas.

Ceux qui avaient pris cette direction comptaient trouver les portes de la place ouvertes; elles étaient fermées, et en arrivant on s'entassait sur les glacis, dans les chemins couverts ou dans les fossés. Mais ces fossés, profonds et vastes pourtant, furent bientôt remplis; les hommes montaient les uns sur les autres, et dans cette masse sans nom il y avait des colonels, des généraux. Deux cuirassiers arrivèrent, et comme ils ne pouvaient pas descendre dans la cohue, ils y sautèrent, écrasant ceux qui s'y trouvaient devant eux, cassant les jambes de leurs chevaux; on les entoura, on les assomma.

Cependant, tandis que des hommes tâchent d'es

calader l'escarpe en ruine qui s'écroule sous les efforts et les écrase sous ses débris, d'autres frappent à une poterne à coups redoublés, et soit qu'ils l'aient forcée du dehors, soit que dedans elle ait été ouverte, elle cède et livre un étroit passage dans lequel on s'étouffe. Je suis dans la ville. Mais la sécurité n'y est guère plus grande que sur le champ de bataille. Les Prussiens ont commencé le bombardement, et je vois un obus éclater au milieu d'un groupe de malheureux paysans qui, chassés de leur village par la bataille, sont venus chercher un abri derrière les remparts de Sedan; un éclat fracasse la tête d'une femme, et l'enfant qu'elle est en train d'allaiter reçoit sur son visage le sang de sa mère; il crie; par miracle il n'est pas mort.

Ou aller! que faire? La bataille est perdue. Un général passe l'épée à la main et crie: « Vive la France! » mais personne ne lui répond.

— As-tu fini! dit un lignard qu'à son accent gras et traînant on reconnaît pour un voyou parisien.

Un vieux zouave que j'interroge daigne retirer sa pipe de sa bouche pour me dire que c'est le général Wimpffen.

— En avant! en avant! crie le général.

On ne bouge pas, ou bien l'on s'en va. Cependant quelques officiers se réunissent autour de lui. On répète dans les groupes que Bazaine arrive; il prend les Prussiens à dos ; on a entendu son canon. Cela redonne un peu de cœur. Des clairons sonnent le rappel. Il arrive des soldats de toutes armes; Je vois à cheval, à côté du général, un officier de mon régiment ; je ramasse un chassepot et me joins à la petite troupe.

Mais le faubourg de Balan, par lequel nous sortons, est déjà occupé par les Prussiens; de dedans les maisons et les jardins ils nous fusillent. Heureusement, le courage se gagne comme la peur ; nous étions quelques-uns, nous voilà plusieurs milliers. Deux canons nous arrivent ; ils tirent. La lutte recommence. Tout en déchargeant mon chassepot, je pense aux batailles perdues le matin et regagnées le soir. Si Bazaine est vraiment près de nous, Sedan devient Marengo. Et je tire avec rage ; je n'ai pas pu atteindre les Prussiens avec mon sabre, mais avec des balles je vais les chercher au loin : ils ouvrent les bras, ils tournoient, ils tombent. J'ai la fièvre de la tuerie ; et comme dans ceux qui m'entourent je ne connais personne, je ris à mon fusil et lui parle.

Vingt ou trente Prussiens prisonniers passent au milieu de nous ; c'est une immense acclamation.

Mais bientôt paraît du côté de la ville un officier

porteur d'une lance, à laquelle est attachée une serviette blanche; un clairon qui marche près de lui sonne de cesser le feu. Pourquoi ce drapeau? Pourquoi cesser le feu au moment où les Prussiens sont repoussés? On l'entoure, on le presse; la serviette lui est arrachée.

— C'est par ordre de l'empereur, crie-t-il, l'empereur l'ordonne.

— C'était pour commander le feu que l'empereur devait parler, dit un chef de bataillon avec colère.

— Où est-il, l'empereur? Personne ne l'a vu.

— A bas le Prussien, crie un soldat.

— Vendus! dit un autre.

C'est donc l'empereur qui commande. On croyait que c'était toujours Mac-Mahon, car on ne savait pas que le maréchal avait été blessé le matin. On ne savait pas non plus, bien entendu, que l'empereur, après quelques petites promenades, était rentré à la sous-préfecture vers onze heures, et qu'il ne s'était éveillé de sa somnolence que pour écrire au roi de Prusse : « N'ayant pu mourir à la tête de mon armée, je viens mettre mon épée aux pieds de Votre Majesté! » paralysant ainsi les efforts du général qui remplaçait Mac-Mahon.

En voyant le drapeau blanc flotter au sommet du château, je mis mon fusil sur l'épaule et retournai vers la ville. Autour de moi on continuait à tirailler ; mais à quoi bon, s'il y avait un armistice ; car c'était à un simple armistice que je croyais.

Il était cinq heures du soir ; je n'avais pas mangé depuis la veille. Mais les maisons étaient barricadées et les rues tellement encombrées qu'on ne pouvait se frayer un chemin à travers la cohue. — J'avisai des paysans qui, réfugiés sous une charrette, mangeaient. Je leur demandai s'ils voulaient me vendre un morceau de pain. Ils me regardèrent un moment, puis une jeune femme me tendit une grosse miche ; mais comme je fouillais à ma poche, elle m'arrêta :

—Non, dit-elle, nous ne sommes pas boulangers.

Alors je m'assis sur une botte de paille et mangeai mon pain à côté d'eux : ils étaient de Bazeilles ; on s'était battu dans leur maison, que les Bavarois avaient incendiée, et ils s'étaient sauvés emportant dans leur charrette ce qu'ils avaient pu. Ces malheureux ruinés me faisaient l'aumône d'un morceau de pain. Ils m'offrirent aussi une botte de paille, et je couchai sous leur voiture, heureux de cette hospitalité, car je n'avais plus ni manteau, ni peau de mouton pour m'abriter du froid.

J'étais si las, si accablé que je dormis jusqu'au petit jour ; dans mon sommeil, il me sembla entendre des pas lourds de régiments en marche, des roulements de canons, des cris, des plaintes, mais que m'importait; il eût fallu que ma paille brulât pour que je me décidasse à me lever; et encore, des incendies allumés çà et là dans la ville ne m'avaient pas fait bouger.

L'impression physique du froid matinal fit ce que n'avaient pu faire les émotions morales : je m'éveillai grelottant.

Je voulus marcher pour me réchauffer : les rues, les places étaient encombrées; dans cette petite ville, à l'étroit dans son enceinte, toute une armée s'était réfugiée avec ses chevaux, ses canons, ses transports. J'eus alors le sentiment profond du désastre en voyant ces hommes qui dormaient pêle-mêle au milieu des rues, tassés comme des bestiaux : on avait peu mangé, mais on avait bu. Si l'armée avait offert un triste spectacle dans sa marche, combien ce spectacle n'était-il pas plus horrible dans la déroute ! En arrivant dans les environs du château, mes yeux se portèrent sur les collines qui entourent la ville ; elles étaient couvertes de troupes et de canons ; les Prussiens étaient là prêts à nous foudroyer. Qu'allions-nous faire ? L'armistice était-il signé ? Personne ne paraissait se préoccuper de cette question. On attendait.

J'étais revenu aux abords de la sous-préfecture. Tout à coup il se fit un brouhaha dans la foule; ceux qui n'étaient pas ivres ou blessés se levèrent. Un piqueur à la livrée impériale précédait une voiture attelée à la Daumont, et dans cette voiture se trouvait l'empereur. Je fus surpris de le voir en costume civil, ne comprenant pas qu'après avoir durant vingt ans si souvent et si inutilement endossé l'uniforme militaire, il se fit citoyen précisément le seul jour où il eût dû être soldat. Son cordon de la Légion d'honneur attirait tous les regards, et quand les yeux s'étaient fixés sur lui, on restait stupéfait, se demandant si l'on était dans le rêve ou dans la réalité, tranquillement, avec calme, promenant sur ces débris de l'armée son regard morne, il roulait une cigarette entre ses doigts. Je ne l'avais pas revu depuis Metz; il me parut plus fatigué, mais en même temps plus tranquille qu'à ce moment de première émotion; peut-être éprouvait-il le soulagement du « c'en est fini. » En tous cas, s'il y avait en lui de la douleur et du désespoir ou seulement de la compassion pour les souffrances et les hontes de ceux au milieu desquels il passait, son masque pâle n'en disait rien. Il n'y eut pas un cri, pas un salut sur son passage; on se regardait avec stupéfaction, presque avec effroi, et de l'œil on se demandait : « Où va-t-il? » Je crus que l'armistice signé, il allait sur le champ de bataille visiter les blessés et veiller lui-même à ce qu'ils fussent soignés.

Sur le Promenoir des Prêtres qui s'étend entre la citadelle et la ville, je trouvai un ami d'autrefois qui était lieutenant d'infanterie; et ce me fut un grand soulagement de le rencontrer; dans ce désastre, mon isolement m'étouffait; j'avais envie de pleurer. Cela me fit du bien de pouvoir parler et d'entendre une parole amie.

Son régiment, comme le mien, avait été rudement éprouvé, plus rudement même, car ce qui n'avait pas été tué avait été enveloppé et pris; c'était vers Givonne que la lutte avait eu lieu et contre les Saxons.

— Depuis six heures du matin, me dit-il, nous nous sommes battus pour notre compte, au petit bonheur, je crois bien que nous étions oubliés là, mais nous avions des Allemands devant nous et l'on en démolissait. Il y en avait trop. Cependant la garde royale prussienne leur est venue en aide, et alors ç'a été très-mal pour nous. On s'est replié : le colonel a été tué, le lieutenant-colonel, les hommes tombaient les uns sur les autres. Quand le chef de bataillon a vu que nous étions cernés, il a ordonné d'enterrer le drapeau, et l'on a essayé de faire une trouée; mais je crois bien que je suis le seul officier vivant du bataillon.

Plus heureux que moi, il avait trouvé une maison qui avait bien voulu ouvrir sa porte pour lui : il m'y donna à déjeuner.

J'étais avec lui lorsqu'on parla de la capitulation, mais nous ne voulions pas y croire. Des affiches furent apposées. C'était donc vrai ; c'était fini ; prisonniers.

— C'est la chute de Napoléon III, dit Homicourt avec fureur.

— Et de Napoléon Ier aussi, j'espère.

— Et de Napoléon IV.

Une grande clameur emplit la ville : tous ces hommes, plongés depuis la bataille dans la stupeur, s'étaient mis en mouvement ; on s'abordait sans se connaître, et c'étaient des exclamations et des injures : les soldats regardaient les généraux avec insolence et mépris. « Vendus, vendus ! » Les plus sages qui, depuis le commencement de la campagne, s'étaient toujours révoltés contre cette accusation stupide, ne trouvaient plus rien à répondre. Que répondre en effet ? Le fait était là : cent mille hommes livrés avec leurs armes et leurs drapeaux. Pour ne pas les livrer, ces armes, on les brisait : on voyait partout des soldats qui cassaient leurs fusils en les frappant sur le pavé des rues ou contre les murailles ; des cuirassiers lançaient leurs casques et leurs cuirasses dans la Meuse ; on jetait les cartouches, et les rues étaient noires de poudre. Sur le bord de la rivière, un dragon ivre criait : « Qu'on m'amène les chevaux, je me charge de les saigner; ils ne les auront pas, au moins! » Et le sien gisait à côté de lui, dans une mare de sang. On avait pillé les fourgons de vivres, défoncé les fûts d'eau-de-vie, et l'on chantait des chansons ordurières en buvant, tandis que plus loin on voyait des officiers qui s'essuyaient les yeux à la dérobée.

— Je ne veux pas rester ici, me dit mon ami.

— Et moi je ne veux pas être prisonnier.

— As-tu de l'argent? moi je n'ai que quelques louis.

Heureusement ma ceinture de cuir était garnie, et alors je pensai avec émotion à la prévoyance de mon pauvre colonel. Il nous fallait un déguisement pour nous sauver; les gens de la maison où l'on avait recueilli Homicourt nous vinrent en aide et nous procurèrent les vêtements qu'ils purent trouver. Ma taille étant à peu près la même que celle du fils de la maison, on me donna ses habits, et comme ils étaient de fabrication anglaise, il fut convenu que je serais un Anglais. Quant à Homicourt, plus petit et plus gros, il prit la veste et le gilet d'un ouvrier. Sans doute, c'était risquer de nous faire fusiller, mais nous n'en étions plus à nous inquiéter d'un risque ou d'un danger.

Aussitôt équipés, nous sortîmes de la ville, car nous devions arriver à Givonne avant la nuit; Homicourt voulait déterrer son drapeau, et moi je voulais faire enterrer M. de Saint-Nérée.

Il fallait passer devant le poste, et c'était là notre premier danger. Il fut décidé que j'entrerais bravement et que je demanderais en anglais, au commandant du poste, une permission pour sortir, en compagnie de mon domestique belge. Mais mon anglais, dont j'étais très-fier, me fut inutile; le lieutenant du poste, qui était un Wurtembergeois, ne parlait que l'allemand. Alors j'employai cette langue et lui répétai ma fable : Gentleman anglais, domestique, etc. Il voulut bien me croire et nous laisser passer. Mais à une courte distance nous trouvâmes un autre poste qui barrait la route de Bouillon. Cela devenait grave; heureusement, après un moment d'hésitation, qui nous parut terriblement long, on nous permit de continuer notre chemin.

Nous arrivâmes bientôt au champ de bataille. Dans une pièce de luzerne, des soldats allemands creusaient une tranchée, tandis que d'autres allaient ramasser çà et là les morts, qu'ils apportaient et alignaient sur le bord de la fosse, pêle-mêle, Français et Prussiens, où un sergent, le portefeuille à la main, les enregistrait. Quand c'était un Prussien, on ouvrait son uniforme et l'on prenait sur sa poitrine une plaque de cuir qui devait constater son identité; quand c'était un Français, on lui prenait ce qu'il avait de bon, argent, montre, bague, couteau, même son mouchoir de poche; cela se faisait méthodiquement, sans scrupules.

Il ne faut pas croire qu'un champ de bataille ressemble aux tableaux de certains peintres, où l'on ne voit sur le terrain que des monceaux de morts; si meurtrière qu'ait été pour l'armée française la funeste journée de Sedan, la *campagne* n'était pas d'un bout à l'autre couverte de cadavres; souvent on parcourait d'assez longs espaces sans en trouver un seul, puis, tout à coup, on en rencontrait un amas. Ils étaient là les yeux ouverts dans une face pâle ou ensanglantée, et ils semblaient vous regarder. Il y avait des blessures horribles, des têtes fendues, des visages emportés, des ventres troués par des éclats d'obus. D'autres monceaux, au contraire, montraient une mort moins hideuse; c'était aux endroits ou l'artillerie n'avait pas frappé; la balle tue, le canon écrase et dépèce ses victimes. Une odeur, fade, nauséeuse, vous prenait à la gorge et vous poursuivait sans qu'on pût s'en débarrasser.

A côté de ces amas de morts, des sentinelles se promènent, le fusil sur l'épaule, pour écarter les maraudeurs; et les médecins, portant aux bras la croix de Genève, vont et viennent, retournant les cadavres, les palpant pour voir s'il ne reste pas des blessés.

S'il n'y a pas partout des cadavres, partout il y a traces de lutte : des sacs, des sabres, des paquets de cartouches, des gourdes, des gamelles, des manteaux, des fusils, des obus couvrent la terre qui est creusée d'ornières ou trépignée par les roues des canons, les pieds des chevaux, les pas des hommes. On dirait qu'une trombe a passé à travers les arbres et les haies; tout est brisé, haché.

Nous nous dirigeons vers l'endroit où est tombé M. de Saint-Nérée. J'ai dans la mémoire des points de reconnaissances et me retrouve assez facilement, dérangé seulement de mon chemin en ligne directe par les amas de cadavres qui nous barrent le passage; car, après mon départ, on s'était battu là terriblement, et les pantalons rouges étaient, hélas! nombreux.

Arrivés au buisson d'épines qui était dans l'état où je l'avais laissé, nous en fîmes le tour; mais le corps de M. de Saint-Nérée avait disparu : pensant qu'il avait peut-être été traîné plus loin, je me glissai sous le fourré, mais je ne trouvai que le cadavre d'un soldat prussien; le pauvre garçon, après avoir été blessé, avait rampé jusque-là et il s'était arrangé pour mourir; le sac sous la tête lui servant d'oreiller, il était appuyé sur le bras gauche, et de sa main droite il tenait une photographie de femme que ses yeux vitreux regardaient toujours.

— La sentinelle vient par ici, me dit Homicourt.

Je me levai et nous nous éloignâmes en prenant une démarche indifférente : c'était là qu'avait eu lieu notre dernier combat de cavalerie; les pauvres chevaux couvraient la terre; renversés sur le dos, ballonnés, gonflés comme des outres étranges ils dressaient en l'air leurs quatre jambes roidies; d'autres qui n'étaient pas mort tout à fait se traînaient comme ils pouvaient, ou bien les jambes arquées, soufflant péniblement, ils fixaient sur nous leurs beaux yeux résignés.

Givonne était plein de Prussiens, non-seulement de soldats, mais encore d'un fouillis de femmes et d'enfants que les armées traînent après elles : commissionnaires, domestiques pendant les marches; pillards et recéleurs après la bataille. Au milieu de cette foule, notre situation devenait difficile, et la recherche du drapeau plus difficile encore.

Il fut décidé que nous attendrions la nuit pour notre expédition; et afin de mettre les précautions de notre côté, nous employâmes les dernières lueurs de jours à reconnaître le terrain.

Précisément, à cinq cents mètres de l'endroit où le drapeau avait été caché, se trouvait une petite maison abandonnée, dont les murailles et la toiture avaient été déchiquetées par les obus. Quand la nuit fut épaissie, nous allâmes nous cacher dans l'ombre de cette maison.

J'avoue que je trouvais le projet de mon ami périlleux, et pour mon compte j'aurais préféré gagner la Belgique, qui n'était qu'à deux ou trois lieues. Nous sérions restés à la frontière, et quand le moment aurait été favorable, nous serions revenus; quelques jours de plus ou de moins n'avaient pas d'importance. Mais Homicourt disait que pendant ces quelques jours les maraudeurs ou les fossoyeurs pouvaient découvrir le drapeau; et à cela je n'avais rien à répliquer, à moins d'appuyer sur le danger de notre aventure, — ce que je ne voulais pas.

# XIII

Si notre expédition m'avait paru aventureuse avant de l'entreprendre, je la trouvai tout à fait périlleuse, quand nous en eûmes commencé l'exécution. Ce n'était pas seulement du courage qu'il fallait pour réussir, mais encore de l'adresse, surtout une bonne chance.

Nous n'avions ni l'un ni l'autre la peur des fadets ni des revenants, mais il n'en est pas moins vrai qu'au milieu de ce champ de mort, brisé physiquement comme je l'étais, accablé moralement, je me sentais ému jusqu'au plus profond de l'âme, et agité de contractions involontaires jusque dans les nerfs les moins sensibles.

— Triste veillée! me dit Romicourt, à voix basse.

Je lui serrai la main sans répondre et, pendant assez longtemps, nous restâmes silencieux.

Nous n'étions point entrés dans la masure, et nous nous étions contentés de nous coller contre la muraille, demeurant immobiles comme si nous faisions corps avec elle : nos vêtements étaient sombres et dans la nuit qui n'avait ni lune ni étoiles il devait être bien difficile de nous apercevoir. D'ailleurs, la campagne paraissait déserte, et c'était seulement du côté du village qu'on entendait ces bruits indéfinissables d'une agglomération de troupes.

Il y avait à peu près un quart d'heure que nous étions embusqués, lorsque mon compagnon traduisit en paroles une impression que j'éprouvais depuis notre arrivée.

— Il est impossible de rester là, dit-il, le cœur me manque.

En effet, il sortait de la maison une odeur infecte comparable à peu près à celle que nous avions respirée en passant auprès des tas de cadavres.

— On s'est battu là.

Comme je disais ces mots, nous vîmes passer dans l'ombre deux forts chiens qui semblaient traîner quelque chose de lourd.

— Que renferme donc cette maison du diable?

— Il faut voir, donne une allumette.

— Tu vas nous faire découvrir.

Nous fîmes le tour de la maison; la porte était enfoncée; nous entrâmes avec précaution, et Homicourt alluma une allumette.

Deux pièces occupaient le rez-de-chaussée; une grande cuisine et une sorte de fournil : la cuisine était vide, mais dans le fournil se trouvait un affreux entassement de débris humains : la cuisine avait servi à une ambulance et on avait jeté dans le fournil les membres opérés; il y avait là des jambes bottées, des bras encore couverts de la manche verte ou bleue de l'uniforme qu'on avait dû couper.

— Je ne reste pas là, dit Homicourt.

— Où allons-nous?

— Là-bas, à l'abri de cette haie.

On était tout aussi bien caché au pied de la haie que contre la maison, et nous nous arrangeâmes de notre mieux pour passer les deux ou trois heures que nous avions à rester là.

— Si tu as sommeil, me dit Homicourt, dors,

j'aurai l'œil ouvert et te réveillerai quand il faudra.

Je ne sais depuis combien de temps je dormais, lorsque je sentis une main se poser sur ma bouche.

— Regarde.

Devant nous, à une courte distance, des ombres étaient sorties d'un petit bois, et, marchant avec précaution, elles se dirigeaient vers l'endroit où le combat avait eu lieu. Il y avait un homme, un enfant et une femme. Ils allaient écartés les uns des autres, et se penchaient souvent comme s'ils cherchaient quelque chose.

— Les gredins, ils vont dépouiller les morts.

— Ici, dit doucement une voix de femme en allemand.

Ses compagnons se rapprochèrent, et à la faible lumière d'une lanterne sourde, nous vîmes briller un couteau ; n'ayant pas le temps de déboutonner les tuniques ou de déboucler les sacs, ils les coupaient et cherchaient ce qui était bon à voler. Bien qu'ils parlassent bas, j'entendais presque toutes leurs paroles.

— Mauvaise trouvaille, disait la femme, il n'y a que des soldats, toutes montres d'argent !

— Ah ! voici un officier, dit l'enfant.

On se jeta sur l'officier, et sa tunique fut fendue d'un seul coup.

— Il a une bague au doigt.

— Elle tient ; cochon de Français !

— Coupe le doigt.

Ah ! comme je leur aurais envoyé une balle avec plaisir, si nous avions eu des armes !

Ils s'éloignèrent lentement et s'enfoncèrent dans l'obscurité.

— Puisqu'ils n'ont pas été dérangés, dit Homicourt, nos chances augmentent.

L'heure de tenter notre recherche arriva. Le silence de la nuit n'était troublé que par des bruits lointains, des chants dans les campements allemands, des hennissements plaintifs et des cris çà et là, dans la campagne déserte.

— Si on nous tire dessus, dit Homicourt, et que nous soyons obligés de nous séparer, rendez-vous à Bouillon ; le premier arrivé attendra l'autre ; ta main.

Une étreinte nous unit, et nous quittâmes notre haie, nous dirigeant sur l'arbre, dont la masse sombre se détachait sur le ciel. C'était au pied de cet arbre que le drapeau avait été enterré.

Malgré l'emotion qui avait dû accompagner cette opération faite au milieu des balles et des obus,

Homicourt avait parfaitement pris ses points de repère, et il arriva juste à l'endroit où il fallait chercher.

— C'est là, dit-il, à trois mètres du gros arbre et à cinq mètres du petit; compte à partir du gros arbre.

A ce moment une lueur rouge s'alluma dans la nuit et une détonation retentit. C'était une sentinelle qui tirait sur les maraudeurs. Dans la campagne, qui paraissait déserte, nous vîmes des ombres s'agiter.

— Couchons-nous, dit Homicourt.

Au bout de dix minutes, le silence s'étant rétabli, nous nous relevâmes, et, je dois le dire, à mon grand contentement, les morts n'avaient point encore été enlevés, et quand on était couché, on voyait leurs cadavres faire sur la terre de grosses bosses noires.

Plus ferme que moi, Homicourt n'avait pas perdu son temps à regarder autour de lui, il avait fouillé la terre avec son bâton, et il ne nous fallut que quelques minutes pour arriver au drapeau qui était enveloppé dans un caban.

— Ils ne l'auront pas, dit-il.

En ôtant sa veste et son gilet, il le plaça sur sa poitrine.

— Maintenant il s'agit de ne pas nous laisser prendre ; je propose donc de passer la nuit dans le bois qui est là-bas ; à l'aube naissante nous gagnerons la frontière.

Le bois dont il parlait était à une assez courte distance, mais, pour l'atteindre, il fallait traverser un chemin profondément encaissé. Je marchais en avant; au moment où je descendais dans ce chemin, tandis qu'Homicourt était encore dans le champ, je fus arrêté par un cri de : « *Verda* ! » qui partait à dix pas.

— Sauve-toi; dis-je, je vais répondre.

Mais avant qu'il m'eut été possible de dire deux mots à la sentinelle, j'étais entouré, et deux soldats gravissant le talus déchargeaient leurs fusils ur Homicourt. L'avaient-ils atteint?

Pour moi, j'étais tombé en plein dans une patrouille, et je n'eus qu'à la suivre au village de Daigny, où elle me conduisit. Je pris un air assuré pour dire que j'étais un gentleman anglais, et que je voulais parler « à l'officier. » Mais on me mit au poste après avoir fouillé mes poches, que l'on vida soigneusement, et l'on me répondit : « A demain ! »

C'était là un incident désagréable ; mais puisque je n'avais pas été fusillé sur-le-champ, je ne perdis pas toute espérance et m'endormis dans ce poste, qui était l'écurie d'une maison bourgeoise; depuis longtemps je n'avais pas été si bien logé, car j'avais de la paille sous le dos.

Le matin, on m'annonça qu'on allait me conduire chez le commandant. Comme nous traversions le village, il me sembla reconnaître de loin une petite voiture de forme particulière que j'avais vue à Metz, — celle de miss Clifton, — les chevaux étaient dételés et attachés aux roues; ils mangeaient leur foin tandis que le domestique colosse veillait sur eux. Cela me fit plaisir de le voir, car cela signifiait que sa maîtresse n'était pas loin, et alors je pourrais peut-être m'aider de celle-ci pour jouer mon rôle de gentleman anglais.

En effet, en passant devant la maison contre laquelle la voiture était rangée, j'aperçus la jeune Anglaise, mais elle ne parut pas me reconnaître. Alors, mon parti fut pris rapidement.

— Miss Clifton, dis-je à haute voix et en anglais, voulez-vous reconnaître un ami, d'Arondel, gentleman anglais? Pris par ces soldats sur le champ de bataille, on me conduit chez le commandant.

Aux premiers mots que je prononçai, l'un des soldats de mon escorte fit mine de m'envoyer la crosse de son fusil sur la figure, mais les autres le prévinrent en me poussant brutalement en avant.

— Je vais avec vous, dit miss Clifton.

Nous n'eûmes pas loin à aller, la maison occupée par le commandant était à quelques pas. On voulut empêcher miss Clifton d'entrer; mais les Prussiens, brutaux avec les hommes, sont embarrassés et gauches avec les femmes, qu'ils n'osent pas battre ; du bout de la main, elle écarta le soldat qui lui barrait le passage, et marcha sur mes pas. Il s'agissait d'avoir l'air bien Anglais ; je me redressai et pris un air rogue et fier comme si la flotte « du canal » était embossée dans la Meuse, autour de Sedan, me couvrant du pavillon britannique.

Mais le commandant avait une arrogance naturelle, contre laquelle ma fierté empruntée ne pouvait pas lutter : c'était un grand Allemand charpenté à coups de serpe dans un bloc de chair blonde, portant des lunettes d'or, et regardant à quinze pas devant lui en avançant la mâchoire ; il était coiffé de son casque et revêtu d'une longue capote brune qui battait ses bottes.

— Vous avez été arrêté sur le champ de bataille, dit-il ; qui êtes-vous ?

— Lewis Arondel, gentleman anglais, répondis-je en allemand.

— Que faisiez-vous ?

— Je me promenais.

— La nuit?

— Curieux un champ de bataille, la nuit.

— On ne fait pas la guerre pour que ses désastres deviennent une curiosité, dit-il d'un ton sentencieux et en employant la langue anglaise, qu'il me parut parler correctement.

J'aurais préféré continuer la conversation en allemand, car c'était une ressource pour hésiter avant de répondre; mais puisqu'il prenait la langue de mon prétendu pays, je ne pouvais plus que parler anglais.

— J'étudie la guerre, dis-je.

— Les soldats qui vous ont arrêté prétendent que vous étudiez les morts; si vous ne vous étiez pas réclamé de la nationalité anglaise, vous auriez été fusillé sur-le-champ. Un homme était avec vous, pourquoi a-t-il fui?

— Un homme a fui, cela est vrai, mais comme il n'était pas avec moi, j'ignore pourquoi il s'est sauvé; un maraudeur sans doute; il y en a beaucoup autour de l'armée prussienne.

Il n'est guère habile d'accuser ceux qui nous accusent; miss Clifton voulut réparer ma sottise, et intervenant dans le débat :

— Vous me connaissez, dit-elle, vous savez qui je suis; moi, je connais ce gentleman et j'affirme que les soldats qui l'ont arrêté se trompent.

— Je le crois, mais ce gentleman a une façon singulière de prononcer l'anglais, notamment les monosyllabes qui sont d'origine saxonne, de même aussi dans les mots polysyllabiques pour les syllabes non affectées d'accent.

Tomber sur un pédant d'Iéna ou de Heidelberg ce n'était pas avoir de chance, car, bien que parlant l'anglais suffisamment, j'avais, bien entendu, un accent français.

— Voulez-vous, monsieur, continua le commandant, me prononcer *quack*, et aussi...

La scène pouvait devenir drôle pour miss Clifton, et sur un théâtre, cet Allemand prononçant l'anglais à l'allemande, et ce Français le prononçant à la française eussent assurément fait rire, mais nous étions dans la réalité de la vie, et dans une réalité qui prenait même une tournure inquiétante.

— Je vous ai dit que j'étais gentleman anglais; je ne suis pas professeur de déclamation.

— Très-bien; puisque vous êtes gentleman, donnez-moi votre parole... votre parole d'honneur, que vous n'êtes pas un Français échappé.

Ma parole d'honneur! Et devant une femme encore, oh non!

— Louis d'Arondel, dis-je en français, engagé

volontaire aux chasseurs d'Afrique, fait prisonnier à Sedan. Vive la France !

Le commandant éclata de rire, de ce gros rire allemand qui paraît sortir d'un coffre de bois ; puis tout à coup il s'arrêta, et me regardant durement

— Les Français sont des fourbes, dit-il, tous !

— Oh ! *Prussian !* s'écria miss Clifton, il ne respecte pas un ennemi vaincu ; *Prussian ! Prussian !*

Elle l'eût appelé lâche, assassin, traître, que l'injure n'eût pas été plus cruelle assurément que celle qu'elle mettait dans ce mot *Prussian*, prononcé avec ce mépris et ce dédain.

Il lui lança un regard féroce ; mais comme il ne pouvait rien contre elle, il tourna sa colère contre moi.

— Vous, je vais vous faire fusiller !

— Vous n'oserez pas ! s'écria-t-elle.

— Qui donc m'en empêchera ?

— Moi ; contre laquelle vous ne pouvez rien, car je suis une femme, une Anglaise, et je serai son témoin.

Il haussa les épaules et appela un sergent.

— Qu'on le reconduise au poste !

Mais avant que les soldats m'eussent entouré, miss Clifton me prit la main, et, me la serrant fortement :

— Je serai là, dit-elle, près de vous.

On m'emmena et l'on me fit de nouveau traverser le village. Ce n'était pas assez qu'il eût souffert de la bataille ; on était en train de déménager les maisons qui avaient été respectées par les obus et l'incendie. Des chariots allemands étaient arrêtés devant chaque porte et on les emplissait de meubles que les soldats chargeaient en chantant ; tout était bon, chaises, horloges, robes, marchandises, tout s'empilait dans les voitures. Devant une fabrique de chaudronnerie, on chargeait les poêles à frire et les casseroles ; devant un moulin à foulon on entassait les pièces de drap ; plusieurs voitures étaient déjà pleines ; l'entrain des travailleurs était merveilleux ; ils opéraient méthodiquement et joyeusement ; heureux peuple qui a réalisé le difficile problème du travail attrayent.

Bien que prisonnier, je ne pouvais regretter notre entreprise ; si elle n'avait pas pleinement réussi, elle n'avait pas non plus complétement échoué ; Homicourt avait retrouvé son drapeau et était sans doute maintenant en Belgique ; quant à moi, j'avais entendu miss Clifton appeler un officier allemand « *Prussian, Prussian,* » et j'en avais été si heureux que cette joie me faisait accepter le désagrément d'être au poste. Une autre fois, sans doute, j'aurais meilleure chance jusqu'au bout; car j'étais parfaitement résolu à recommencer et à tout faire pour me sauver.

Ce fut seulement dans l'après-midi qu'on me tira de mon écurie; une escorte de uhlans m'attendait dans la rue; je regardai au loin et je vis miss Clifton me faire avec son mouchoir un signe d'adieu; puis quand nous fûmes en marche m'étant retourné, je vis que son fidèle domestique nous suivait; à son bras il portait le brassard de Genève, croix rouge sur champ blanc.

Où me conduisait-on? A Sedan, sans doute. Mais après la ville, notre route continua encore pendant deux kilomètres jusqu'à un pont jeté sur un canal: là se trouvait un poste allemand avec de l'artillerie. Mon escorte me remit à un sous-lieutenant, et celui-ci, me montrant une prairie qui s'étendait devant nous, me dit:

— Allez.

J'étais dans la presqu'île de Glaires qui servait de prison à l'armée française; la nuit était déjà noire, une pluie battante me tombait sur le dos, et je marchais dans une boue liquide où les jambes enfonçaient jusqu'à la cheville.

Allez, m'avait dit le Prussien, c'était parfait, mais où aller? Qu'on lâche un cheval ou un bœuf dans un pré inondé, c'est bien, il trouvera toujours un coin pour manger et dormir. Mais je n'étais ni un bœuf ni un cheval, et dans l'écurie où l'on m'avait gardé pendant la nuit et la journée, on ne m'avait pas donné le moindre morceau de pain.

J'avais fait quelques pas à peine, quand j'aperçus une agglomération d'hommes assis ou couchés dans la boue. Je m'approchai. C'étaient des soldats d'infanterie parqués là comme un troupeau de porcs qui attendent l'ouverture de la foire.

Un pantalon rouge, qui se secouait comme un chien mouillé, m'arrêta :

— Qu'est-ce que vous cherchez, monsieur ?

Je répondis que je n'étais pas un monsieur, mais un soldat ; j'avais voulu me sauver, je m'étais habillé en civil, les Prussiens m'avaient pris et amené là.

— Alors, vous avez eu la chance de ne pas voir, tant mieux pour vous !

— Voir quoi ?

— La reddition des armes. Ah ! ça n'était pas drôle ! Moi, je suis musicien : ils m'ont pris ma clarinette. Il paraît qu'une clarinette est une arme ; et puis ils nous ont mis dans ce pré ; tout le monde pêle-mêle. Pas de tente, pas de feu, pas de paille, pas de pain. Avez-vous un morceau de pain à me vendre?

La question qu'il m'adressait était celle que j'allais lui poser. Je lui dis que je n'avais pas mangé depuis la veille.

— Ils veulent nous laisser mourir de faim ; c'est économique.

Voyant que je ne pouvais rien faire pour lui, le musicien me tourna le dos mélancoliquement et alla se coucher à côté d'un de ses camarades ; en touchant la terre il fit sauter la boue jusque sur moi.

Dans l'ombre il me sembla remarquer que notre prairie n'était pas parfaitement plane et qu'une éminence de terrain se dressait à une courte distance ; je me dirigeai de ce côté, car si l'on n'est pas à l'abri de la pluie sur les éminences, au moins la pente du terrain laisse-t-elle couler l'eau.

Partout je vis le même amas d'hommes ; il me sembla qu'ils étaient parqués par carrés ; les uns se tenaient debout tassés pour se réchauffer ; les autres couchés par le désespoir, la fatigue ou la faiblesse, étaient étendus sur la terre nue. Des officiers allemands passaient la tête haute, enveloppés dans leurs capotes et leurs caoutchoucs ; quand leurs grosses bottes rencontraient un caillou, leurs éperons sonnaient ; de loin on les entendait venir et l'on voyait leurs cigares briller dans la nuit.

Pendant assez longtemps, je marchai ainsi, ne sachant pourquoi je marchais ni ce que je cherchais ; puis ayant heurté dans un champ de betteraves un tas de cailloux, je me couchai dessus. C'était dur, mais c'était presque sec.

Je verrais le lendemain, quand le jour serait venu, ce que j'aurais à faire, et je m'endormis en répétant : « *Prussian! Prussian!* » avec l'accent de miss Clifton.

## XIV

La nuit fut longue ; j'avais faim, j'avais froid, et mon lit de cailloux était dur. Pour m'encourager à la résignation, je me disais que mes camarades couchés dans la boue étaient encore plus mal que moi ; mais je n'étais pas plus résigné après ce raisonnement que je n'étais séché après avoir tordu ma jaquette et mon gilet. Cependant de temps en temps la lassitude m'engourdissait et je m'endormais, mais alors je rêvais que j'étais soumis à la question de l'eau ; seulement au lieu de me verser l'eau dans la bouche, suivant l'ancienne méthode, on me l'injectait dans le corps à travers la peau, au moyen d'un procédé nouveau inventé par l'empereur et réunissant les deux mérites de noyer le patient et de le congeler. L'injection de l'eau, la noyade et la congélation étaient, hélas ! la réalité vraie ; seule la nouveauté du procédé appartenait au rêve, car ses différents effets étaient produits le plus simplement du monde par les vêtements mouillés qui me pesaient sur le corps. Ils étaient passés les jours où ma mère me tenait des pantoufles chaudes pour mon retour de la chasse ; passés aussi ceux où elle craignait pour moi les courants d'air.

A la fin, heure par heure, minute par minute, la nuit s'écoula ; une lueur pâle monta doucement le long de la voûte sombre du ciel ; dans le lointain les collines et les arbres se détachèrent en masses noires qui paraissaient sortir des brumes, et autour de moi peu à peu tout reprit sa forme distincte. J'abandonnai mon tas de cailloux, et montant jusqu'au faîte du petit monticule auquel appartenait mon champ, je pus me rendre à peu près compte de la situation de notre prison.

La Meuse, au sortir de Sedan, se dirige vers le nord ; mais, rencontrant bientôt le pied des collines qui portent la forêt des Ardennes, elle se rabat brusquement vers le sud et forme ainsi une petite presqu'île qu'un canal de dérivation creusé dans l'isthme change en île véritable. C'était dans cette île que nous étions enfermés. Autour de nous, comme premier obstacle, nous avions la rivière; puis au delà, dans les prairies, des postes nombreux reliés entre eux par un cordon de sentinelles. S'échapper était donc bien difficile puisqu'il fallait commencer par traverser le fleuve à la nage sous les yeux de nos gardiens.

Au reste, avant de penser à s'échapper, il fallait tout d'abord manger et se réchauffer si c'était possible. Je me dirigeai vers une maison qui montrait sa cheminée au-dessus d'un bouquet d'arbres au-delà d'un petit ravin entouré de saules.

Si les Prussiens avaient consciencieusement vidé mes poches en m'arrêtant, ils m'avaient, par bonheur, laissé ma ceinture; et avec de l'argent j'espérais acheter l'hospitalité dans cette maison, c'est-à-dire un croûton de pain et un fagot.

En approchant du ravin, je fus témoin d'une scène que je n'oublierai jamais : trois soldats, un turco, un chasseur à pied et un lignard étaient en train de saigner un cheval avec un couteau. Mais le couteau était trop court et le cheval ne voulait pas mourir; il avait déjà plusieurs blessures par lesquelles le sang jaillissait, cependant il se tenait droit sur ses jambes attachées et faisait des efforts pour échapper à ses bourreaux. C'était un cheval arabe à robe grise, fin et élégant, un cheval de prix, appartenant, sans aucun doute, à un officier supérieur. Les soldats étaient tellement affairés à leur horrible besogne qu'ils ne me virent pas.

— S'il hennit, nous sommes fichus, dit le chasseur.

— Quand je l'ai détaché, dit le lignard, il m'a fait une belle peur : il a levé la tête.

Le turco ne disant rien, frappait toujours à tour de bras, et le sang lui jaillissait en plein dans la figure. Enfin un coup fut mieux dirigé, et la pauvre bête s'affaissa sur la croupe et tomba sur le côté. Il était mort. Ils allaient pouvoir enlever deux ou trois livres de viande à ce cheval superbe qu'ils venaient de voler.

A Sedan, au moment où j'avais vu les soldats piller les fourgons de vivres et défoncer les barriques d'eau-de-vie, mon esprit s'était reporté à ces récits de naufrages dans lesquels l'équipage se sentant perdu, cherche dans l'ivresse l'abrutissement et l'oubli. Pour compléter la ressemblance, allions-nous maintenant, dans cette île, subir les détresses de la famine?

Je continuai ma route vers la maison, mais

comme je sortais de la prairie, je vis quatre soldats qui coupaient à travers champs, ayant bien certainement le même but que moi. J'allongeai mon pas; ils allongèrent les leurs. Rien ne pouvait m'être plus désagréable que cette rencontre. Dans notre marche de Châlons sur Sedan, j'avais fait connaissance avec les paysans, et je savais que si l'on pouvait obtenir quelque chose d'eux, c'était à condition de ne pas le demander en troupe; au soldat isolé, ils venaient en aide, mais si l'on se présentait au nombre de trois ou quatre, on ne pouvait plus rien obtenir, même à prix d'argent : « Ils n'avaient rien; on leur avait tout pris. » Et par malheur, bien souvent, ils ne disaient que la vérité.

Les soldats m'abordèrent.

— Vous êtes du pays? me dit celui qui marchait en tête de la bande.

— Non, je suis soldat comme vous.

— Alors c'est pour déjeuner en ville que vous avez fait cette toilette.

— Précisément.

— Et vous ne pourriez pas nous dire où vous comptez déjeuner?

— Ici, je pense.

— C'est que, nous aussi, nous comptons déjeuner là, et il me semble que vous et nous cela fait beaucoup de monde.

— Vous, peut-être; mais moi je suis seul.

— Avec nous vous êtes cinq, et sans vous nous sommes quatre.

— Allons, dit un autre, s'il y en a pour quatre il y en aura pour cinq; ce n'est pas la peine de perdre son temps à disputer.

— D'autant mieux que, pendant la dispute, il pourrait en arriver d'autres qui prendraient la place.

Il fallait quitter la route et prendre un sentier pour approcher la maison. Nous n'avions pas fait dix pas dans ce sentier, quand un paysan, sortant de derrière un petit mur et portant une longue canardière à la main, nous fit signe d'arrêter.

— Halte !

Celui qui marchait en tête continua d'avancer; mais le paysan le coucha en joue.

— Où allez-vous?

— Demander dans cette maison si on veut nous vendre du pain.

— Je n'ai pas de pain.

— Une bouteille de vin?

— Je n'ai ni pain, ni vin, ni rien; pas de soldats ici; le premier qui avance, je le descends. Pas de soldats, pas de soldats, répéta-t-il avec colère

Mes camarades de rencontre se regardèrent; nous

étions cinq, le paysan n'était qu'un; mais un autre paysan sortit de la maison; il était aussi armé d'un vieux fusil.

— Moi, je ne suis pas soldat, dis-je.

Ce n'était assurément ni brave ni honnête de se démentir ainsi. Soldat avec les camarades, bourgeois avec les paysans, mais la faim est mauvaise conseillère.

— Pourquoi ne voulez-vous pas que les soldats approchent? dis-je aux deux paysans.

— Parce que les soldats du jour d'aujourd'hui, c'est tous des feignants et des voleurs : regardez là (il me montra de la main une petite étable dont la couverture en paille et les chevrons avaient été enlevés), ils sont entrés chez nous; on leur a donné du pain, du vin, ce qu'on avait, quoi! et pour nous remercier, ils sont revenus et ils ont volé nos poules, une brebis, cassé les portes, les chaises, arraché la paille de ce toit pour faire du feu. Si jamais un seul passe notre seuil maintenant, c'est qu'il m'aura couché dessus.

Que répondre à cela? Que ces soldats, après trois jours de bataille, avaient eu froid, avaient eu faim; mais les poules, les chaises, la couverture en paille revenaient toujours.

— C'est pas des Français, c'est pire que des Prussiens.

Je tirai un louis de ma poche et, le montrant au paysan :

— Si vous voulez m'allumer un fagot, il y a vingt francs pour vous.

— Un fagot?

— J'ai froid; les soldats avaient froid, ils ont pris moi je paye.

— Vous, vous êtes un homme; entrez, mais tout seul.

Pendant qu'un des paysans restait en faction devant la porte, l'autre me conduisit dans une cuisine. Il voulut diviser sa bourrée en plusieurs petits tas, mais je la fis mettre entière dans le feu, tant j'avais crainte de ne pouvoir jamais me sécher et me réchauffer. Et, de fait, lorsqu'elle flamba dans l'âtre, je commençai à m'envelopper de buées, comme un paquet de linge qu'on eût retiré de la cuve à la lessive. Un second fagot me coûta un second louis; une chemise, une bonne chemise de grosse toile qui grattait la peau, un troisième louis; un morceau de pain avec deux verres de cidre, un quatrième. Et, je dois le dire, jamais carte ne me parut moins chère à payer. Quant au paysan, il ne savait que me proposer, et il allait partout cherchant comment il pourrait bien compléter ses cent francs. Croyant que j'étais un anglais, il voulut me vendre un vieux bahut sculpté dans lequel il mettait son avoine; puis, quand il vit que le bahut ne me tentait pas, il me dit que, si j'y tenais, il pourrait me faire avoir un casque d'officier prussien. Bien entendu, personne dans le pays n'avait tué un Prussien; mais la rivière avait, par hasard, apporté ce casque, qui était chez quelqu'un qu'il connaissait; il y avait aussi un sabre. Comme je lui fis observer qu'il était assez étrange que le courant eût apporté un objet aussi peu flottable qu'un sabre, il ne se troubla point et me répondit que le sabre était arrivé attaché autour d'un corps qui, lui, flottait. Je fis son bonheur en lui donnant un cinquième louis pour une miche de pain et un morceau de lard que j'emportai dans mes poches.

— Si vous restez dans le pays, me dit-il, lorsque je le quittai, vous pouvez revenir. Vous savez, c'est de bon cœur, et la canardière n'est pas pour vous.

Avec la chaleur et la force, le courage m'était revenu. Je me mis à la recherche de mon régiment, ou tout au moins de ce qui restait de mon régiment. Quels camarades étaient morts, quels avaient eu la chance d'échapper! si toutefois c'était une chance d'être sorti de la bataille pour tomber dans cette île et y rester parqués comme un troupeau de bêtes.

On a beaucoup parlé de la froide cruauté des Prussiens et de leur rapacité, mais la façon dont ils ont traité une armée vaincue que la fortune mettait entre leurs mains portera contre eux le plus accablant témoignage. Ce qu'une armée française eût fait de cent mille Prussiens prisonniers, je n'en sais rien, cependant je crois qu'elle eût partagé ses rations avec eux. A coup sûr elle eût trouvé moyen de ne pas déshonorer sa victoire. Où est le soldat prussien, le soldat bavarois qui ait tendu un morceau de pain au soldat français qu'il voyait mourir près de lui? Quand notre ennemi s'est décidé enfin à nous donner un biscuit pour deux journées entières, beaucoup de rations étaient pillées par ses propres soldats.

J'allais de régiments en régiments sans trouver les chasseurs d'Afrique, et partout c'était la même détresse; cependant, quelques-uns, plus heureux, avaient leurs tentes, mais une tente piquée dans une prairie est un chétif abri.

Enfin je trouvai les débris de mon régiment : où étaient les manquants? morts, disparus, prisonniers ailleurs? on ne savait. On m'avait cru tué avec le colonel; on me fit presque fête, et cependant de tous ceux avec lesquels j'avais eu des relations de camaraderie, il ne restait que le seul Penanros.

Encore le pauvre diable ne pouvait-il guère compter parmi les vivants. Atteint d'une dyssenterie violente, il était couché sur la boue, roulé dans son manteau, et la mort l'avait déjà glacé de son souffle. Il me reconnut cependant et me tendit la main.

— Vous savez, me dit-il, Francescas il a été tué; c'était tout de même un bon gars.

S'il restait là il allait mourir, tué autant par le froid et l'humidité que par sa maladie. Mais où le porter, que faire pour lui? Je voulus prier quelques camarades de m'aider à le porter dans une tente, mais ils me tournèrent le dos. A quoi bon? mourir dans une tente ou mourir dehors, ne fallait-il pas mourir quand on était atteint! Les Prussiens ne s'inquiétaient pas des malades.

— N'est-ce pas, Penanros? dit un de nos camarades, que ça t'est bien égal de mourir ici ou là-bas.

— Je ne voudrais pas mourir, dit le malheureux.

— Tu n'es pas difficile; seulement tu sais que si ça t'arrive, tu m'as donné ton manteau.

— Non, c'est pour d'Arondel.

Son agonie fut courte. On alla prévenir un officier; et une heure après nous le portâmes à quatre, le tenant chacun par un membre, dans un trou creusé au pied d'un peuplier.

J'avais jusqu'à ce jour traité avec un parfait mépris les gens qui avaient peur d'être malades et qui à chaque instant tâtaient le pouls à leur santé, mais en présence de ce trou, je compris et sentis cette peur. Étais-je bien solide? Un rhume, une colique, une fièvre de cinq minutes, et l'on était mort. Combien de temps cela allait-il durer?

Je m'en allai alors explorer les bords de la rivière et chercher le bon endroit pour essayer de me sauver. Le courant et la largeur n'étaient rien, mais les sentinelles qui se promenaient sur l'autre rive ne pouvaient pas être traitées avec le même sans-gêne : il est si facile d'apercevoir un corps sur l'eau, même la nuit.

Assis au pied d'un saule, je trouvai un vieux zouave à barbe grise qui me parut étudier la rivière avec des intentions analogues aux miennes.

— Hé! là-bas, me dit-il, est-ce que tu voudrais traverser la rivière à la nage?

— Je regarde.

— Et ça te dit?

— Ça me dit que la rivière seule n'est rien, mais que la rivière avec les sentinelles c'est autre chose.

— Alors, tu renâcles?

— J'étudie.

— Moi, j'attends.

— Vous attendez que l'eau soit écoulée?

— J'attends qu'un bon mâtin commence; cette nuit, j'étais déjà là : un chasseur s'est mis à l'eau, mais il allait maladroitement, la sentinelle l'a vu et paf, il a battu des bras, ça été fini. J'attends que quelqu'un de moins maladroit recommence; s'il s'en tire, je ne dis pas non.

— Et vous comptiez sur moi?

— Si le cœur t'en dit.

— Merci bien; après vous, l'ancien.

En me voyant suivi par le domestique de miss Clifton, et en me rappelant les dernières paroles de celle-ci, j'avais eu un moment l'espérance de recevoir sa visite dans ma prison; mais les journées s'écoulèrent sans qu'elle vînt, et alors, en réfléchissant, je compris que mon espérance s'appuyait sur l'absurde. Était-il possible qu'une jeune femme vînt au milieu de ces soldats démoralisés qui n'avaient plus le respect de rien?

Cependant le quatrième jour de ma captivité, me promenant dans l'île, je me trouvai en face de son domestique.

— Ah! monsieur, me dit celui-ci, je vous cherche depuis trois jours; mais au milieu de cette foule, il est bien difficile de trouver quelqu'un. Si vous voulez venir voir mademoiselle à Sedan, elle a obtenu pour vous une permission, que j'ai.

Si je voulais la voir !

Sur la présentation de ma permission, on me donna quatre soldats pour me conduire, et je me mis en route entre mes quatre chandelles comme nous disions.

Dans notre île, nous étions au bout du monde et nous ne savions rien ; miss Clifton m'apprit la chute de l'empire.

— La paix n'est pas faite, ajouta-t-elle en se trompant sur la nature des sentiments qui m'agitaient, et à vrai dire on ne sait pas si elle pourra se faire. En attendant, on vous transporte en Allemagne. J'ai donc voulu vous être utile, et voici une liste des maisons où vous pourrez loger dans vos étapes d'ici Pont-à-Mousson. J'ai envoyé un homme de confiance vous préparer l'hospitalité dans ces maisons à Stenay, à Damvilliers, à Étain, à Doncourt, car les Prussiens traitent leurs prisonniers avec une grande inhumanité, en Prussiens qu'ils sont.

— Oh ! oui, *Prussian, Prussian.*

Nous nous mîmes à rire tous deux, et il me sembla que je revenais à la vie.

— Je ne vous engage pas à tenter de vous sauver ; la surveillance des Prussiens est active, et ils fusillent impitoyablement ceux qu'ils peuvent reprendre.

— Je vous avoue que je compte essayer cependant.

— Eh bien, pardonnez-moi de ne pas vous aider à cela ; je désire rester neutre entre les deux ennemis ; c'est pour moi affaire de loyauté, car vous savez de quel côté sont mes sympathies. Pour le reste, disposez de moi.

Et elle mit la main sur un rouleau d'or. Je la remerciai quant à l'argent dont je n'avais pas besoin, mais je lui expliquai dans quelle horrible situation nous laissaient nos vainqueurs.

Elle ne put pas faire pour l'armée entière ce que ne faisaient pas les Prussiens ; mais, grâce à elle, je pus abriter sous des tentes une centaine d'hommes de mon régiment : nous eûmes de la paille, du feu, des casseroles, du thé, du sucre pour ceux qui souffraient de la dyssenterie, même une petite pharmacie de voyage. Son domestique venait tous les jours et m'apportait ce que je lui demandais. Nous pûmes écrire, et elle poussa l'attention jusqu'à m'envoyer quelques numéros des journaux anglais. Je vis alors que le *Daily Telegraph*, le *Standard*, le *Pal Mall Gazette*, le *Times* lui-même portaient dans le monde civilisé le récit de nos souffrances.

Pour nous, l'horreur de notre position se trouva singulièrement adoucie par la générosité de cette jeune fille. Mais qu'étaient cent hommes dans toute l'armée française ? Autour de nous les privations, la faim, les maladies, l'humidité surtout, cette constante humidité qui vint fatalement s'ajouter à tous nos malheurs, faisaient victimes après victimes. On mourait comme si le typhus et le choléra eussent été dans l'armée.

Enfin l'ordre arriva pour nous de partir ; et nous nous mîmes en route en un long troupeau précédés d'une musique allemande qui jouait la valse du *Prophète*. En entrant à Sedan les airs de danse furent remplacés par la *Marseillaise*; et alors les Prussiens de notre escorte nous lancèrent des plaisanteries et chantèrent notre chant national, en riant : « *Allons envans té la badrie* ! » Et nous ne pouvions rien que les regarder en face avec mépris; mais ils ne comprenaient pas et riaient plus fort.

Je traversai Balan où j'avais tiré mon dernier coup de fusil et où j'avais vu tant de Prussiens entassés morts entre les ruelles des jardins.

Devant le café de l'*Harmonie* transformé en ambulance, j'aperçus la voiture de miss Clifton. Sur la caisse était collée une affiche en anglais :

SUSCRIPTIONS
*are respectfully sollicited*
*in aid*
*of the destitute inhabitants*
*of Bazeilles.*

Lorsque nous passâmes devant le café j'aperçus miss Clifton, et la montrant à mes camarades, je leur dis que c'était à elle que nous devions nos tentes et notre paille de l'île d'Iges. Toutes les mains se portèrent au képi, et d'un même mouvement nous la saluâmes.

Elle écarta les hommes de notre escorte et, venant à moi, elle me serra la main.

— Au revoir, me dit-elle, et bon courage !

— A bientôt !

— Vous voulez donc ?...

— Toujours ; aujourd'hui, demain si aujourd'hui n'est pas possible.

## XV

Après Balan, Bazeilles...

Nous savions par les soldats d'infanterie de marine prisonniers avec nous, comment les Bavarois et les Prussiens avaient traité ce malheureux village, pour se venger de leurs pertes. Mais ce que, d'après ces récits, j'avais pu imaginer d'horrible, maisons incendiées, paysans brûlés dans leurs caves, femmes éventrées et jetées dans le feu à coups de baïonnettes, était bien au-dessous de l'épouvantable réalité.

De cette petite ville, il ne restait que des débris sans nom, un amas confus de moellons et de bois noircis, de meubles brisés, d'instruments agricoles, de machines industrielles qui ne ressemblaient plus à rien; au loin, les peupliers avaient été grillés par l'intensité des flammes, et çà et là des pans de murailles penchaient au-dessus de la route, menaçant de s'écrouler d'un moment à l'autre. Sur un grand emplacement qui avait été le château de Turenne, on voyait des carcasses carbonisées de vaches ou de chevaux, sans qu'il fût possible de distinguer à quel animal elles avaient appartenu, et de ces chairs brûlées, de ces débris de toutes sortes, étoffes, graines, fourrages, il s'exhalait une puanteur âcre.

Quelques rares habitants, revenus malgré la frayeur qu'inspirait l'ennemi, travaillaient çà et là au milieu des décombres, et la pioche à la main retournaient, éparpillaient ce qui avait été leur maison; des enfants les suivaient et de ce qui avait encore quelque valeur ils faisaient des petits tas. Je cherchai si parmi ces malheureux je n'apercevrais point les braves gens qui, après la bataille, m'avaient donné l'hospitalité sous leur voiture, mais je ne les vis pas.

Si le nombre des habitants qui avaient eu le courage de revenir était petit, celui des curieux, par contre, était assez grand. A voir ces curieux aller et venir, on comprenait que les journaux avaient raconté ce désastre et que déjà Bazeilles était un pèlerinage célèbre : on voyait des Américains circuler la lorgnette en sautoir, et des jeunes Anglaises qui dessinaient sous des parasols ; surtout on voyait des photographes qui prenaient des vues.

En passant, les soldats de notre escorte leur adressaient des plaisanteries, et ils marquaient plus fortement le pas en redressant les épaules comme pour dire : « Vous savez, c'est nous qui avons fait ça ; n'est-ce pas que c'est réussi? » Et en réalité on ne pouvait pas leur contester cette gloire ; ils avaient travaillé en conscience, et Prussiens du quatrième corps aussi bien que Bavarois du premier avaient ce jour-là cimenté l'union de la patrie allemande.

Pour les douze ou quinze cents prisonniers que nous étions, cette escorte n'était pas très-nombreuse ; mais les précautions étaient telles qu'une évasion paraissait presque impossible. En avant marchait un peloton d'infanterie, en arrière venait un second peloton, et sur les côtés des uhlans trottaient de la tête à la queue et de la queue à la tête comme des chiens de berger autour d'un troupeau de moutons ; sans relâche, la lance à la main, ils passaient et repassaient prêts à embrocher ceux d'entre nous qui voudraient s'échapper. Il est juste de dire que nos ennemis ne nous avaient pas pris en traîtres, et nous étions prévenus qu'on tirerait sur ceux qui s'écarteraient « comme sur des lièvres ; » c'était le mot propre du commandant de l'escorte qui nous l'avait dit en français avec un sourire plein de promesses.

Il faut rendre cette justice aux Prussiens que ce sont d'excellents marcheurs ; je ne sais point si leur pas articulé comme une mécanique bien réglée est supérieur à notre pas français plus léger et plus rompu; mais ce que je sais c'est qu'il était dur de suivre le peloton d'avant-garde. Pour le plus grand nombre nous étions des cavaliers, et avec nos lourds pantalons garnis de cuir, et nos bottes, nous nous traînions difficilement à la suite de nos vainqueurs qui, bien nourris et reposés, prenaient plaisir à forcer la marche. Savaient-ils que depuis quinze jours nous étions parqués dans la boue, affaiblis par les privations, pour la plupart malades de la fièvre ou de la dyssenterie ? Peut-être ; mais à coup sûr ils savaient qu'ils étaient nos vainqueurs et ils ressentaient une joie sauvage à déployer devant nous toutes leurs supériorités : ils marchaient, nous nous traînions, ils avaient des armes, nous avions livré les nôtres; ils étaient propres, nous étions sales, déguenillés, enduits de boue de la tête aux pieds, plus semblables à des pourceaux qui se sont vautrés pendant quinze jours dans la bauge, qu'à des hommes.

Quand je dis que nous nous traînions, il ne faut pas entendre que nous traînions; notre peloton d'arrière-garde veillait au bon ordre; et après Bazeilles, quelques-uns d'entre nous qui s'étaient attardés un peu, soit pour panser un pied malade, soit pour respirer, soit pour essayer de se sauver, nous revinrent bientôt dans un état qui ôtait l'envie de les imiter; les coups de crosses les avaient fait avancer, même les coups de baïonnettes; un dragon avait plusieurs dents cassées, et sa figure était ensanglantée.

Il fallait marcher. Pour ceux qui avaient la force et la santé c'était bien, mais les malades? Les honnêtes gens qui ont eu la dyssenterie chez eux et qui avaient peine de se traîner de leur lit à leur fauteuil, peuvent se figurer quelles étaient les souffrances de misérables soldats à peine vêtus, grelottant de froid, mouillés par la pluie qui leur tombait sur la peau, affaiblis par toutes les misères, accablés par le découragement, n'ayant pour se soutenir qu'un morceau de biscuit, et qui devaient marcher, marcher toujours sans qu'il leur fût permis de s'arrêter. On voyait des visages déjà bien pâles, pâlir encore, et se mouiller d'une sueur visqueuse.

— *Vorwaerts! Vorwaerts!* criaient ceux de nos gardiens qui marchaient sur nos côtés; et de l'épaule, le fusil glissait dans leur main, prêt à tomber sur les reins du malheureux qui n'obéissait pas assez vite.

Le hasard m'avait donné pour voisin un lancier qui me parut bien malade. Cependant il marchait, mais dans sa démarche comme dans chaque pas, on sentait l'effort de la volonté. Il ne se plaignait pas, seulement de temps en temps il essuyait sa sueur sur la manche de son manteau et respirait fortement.

— Ça ne va pas, camarade?

— Pas trop, mais il faut que ça aille et ça ira; quand ça n'ira plus, eh bien! voilà; tant mieux après tout.

Il était âgé de vingt-deux ans à peine et assez chétif d'apparence, fort seulement par la volonté qui brillait dans ses yeux noirs; Cévénol du Vigan, il y avait en lui quelque chose de l'ardente fierté des anciens Camisards.

Comme je lui demandais pourquoi il ne s'était pas fait envoyer à l'hôpital :

— Je leur ai dit que j'étais malade, me répondit-il, je leur ai raconté que depuis six jours je souffrais de la dyssenterie et que je ne pouvais pas me tenir ; ils m'ont envoyé au diable en me disant que je le faisais exprès, et que si on écoutait tous les Français, les hôpitaux seraient trop petits. Je me suis en allé. Maintenant, c'est leur affaire; si je reste en chemin, ma mort sera à leur compte.

— Une de plus, une de moins.

— Oui, je le sais, mais ils ont tort; au jour suprême la voix de l'innocent qui s'élèvera contre eux sera écoutée.

J'aurais voulu que le roi Guillaume entendît ce cri d'une foi sincère, lui qui a tant parlé de la Providence. Mais l'eût-il compris? ou tout au moins le comprenant eût-il admis que la prière d'un soldat pût un jour faire un Dieu de justice de ce Dieu de victoire qu'il a si souvent remercié?

De la presqu'île d'Iges à Stenay, il y a plus de quarante kilomètres : sur le papier c'est une longue étape, mais pour nous, harassés ou malades, combien plus longue était-elle encore : les quatre ou cinq premières lieues s'étaient faites à peu près, mais il en fut tout autrement pour les six dernières. Des hommes se laissaient tomber épuisés sur les tas de cailloux, d'autres roulaient dans l'herbe des fossés, disant qu'ils aimaient mieux mourir là que d'aller plus loin. Alors les *vorwaerts* redoublaient et aussi les coups de crosses. Nous avions marché lentement, les hommes de l'escorte voyant que nous allions les mettre en retard pour souper, nous bousculèrent. Mon pauvre Cévénol n'en pouvant plus, voulut jeter son manteau, qui, mouillé, chargeait trop lourdement ses épaules; je le pris, et l'endossai par-dessus le mien; alors sa marche fut allégée, mais la pluie le transperça jusqu'aux os. A Martincourt, qui est le dernier village avant d'arriver à Stenay, il fit un faux pas et tomba. Je voulus le relever; mais il me pria de le laisser coucher dans la boue.

— C'est fini, disait-il, merci bien; je n'en peux plus.

Un soldat arriva, le fusil à la main pour employer le remède de la crosse; mais je me jetai au-devant de lui, et l'interpellant fortement en allemand, je l'empêchai de laisser retomber son arme déja levée.

Le bruit de notre altercation amena un officier. C'était un jeune cadet qui n'avait pas dix-huit ans; il marchait la canne à la main de l'air le plus vain et le plus important que j'aie jamais vu chez un enfant de cet âge; mais il n'y a pas d'enfant dans l'armée prussienne, et du jour où l'on endosse l'uniforme jusqu'au jour où on le quitte, on est un parfait Prussien.

— Qu'est-ce, qu'est-ce ? dit-il.

Je voulus lui expliquer en allemand la situation du lancier.

— Parlez-moi français, dit-il, ne vous permettez pas d'écorcher ma langue.

Quand j'eus achevé mon explication :

— Allons, dit-il au lancier, lève-toi et marche.

— Je ne peux plus.

— Je te dis qu'il faut marcher ; les traînards sont des fugitifs évadés, et les évadés, tu sais, on les fusille. Allons, debout !

Il le poussa du bout de sa canne.

— Je te dis que cela me serait très-désagréable de te faire fusiller ; tu comprends.

Il n'y avait pas à discuter avec ce jeune raisonneur, et nous avions trop entendu parler de traînards fusillés pour croire que ses menaces étaient paroles en l'air qui ne voulaient que nous effrayer.

— Qui veut m'aider ? dis-je en m'adressant à mes camarades. Si je le prends par le bras droit, si un autre le prend par le bras gauche, nous le mènerons bien jusqu'à Stenay ; nous n'avons plus qu'une lieue.

— Cinq kilomètres, dit le petit officier.

Un cuirassier se proposa pour me servir de second, et nous remîmes le pauvre lancier sur ses jambes : moitié marchant, moitié porté, il put faire le reste de l'étape.

Le logement qui m'avait été retenu par les soins de miss Clifton était chez un épicier ; j'emmenai le Cévénol avec moi. C'étaient de braves gens que cet épicier et sa femme ; ils s'employèrent de leur mieux pour secourir le pauvre garçon. Nous le couchâmes dans le lit qui m'était destiné ; on lui donna des boissons chaudes ; on l'enveloppa de flanelles chauffées ; il revint à la vie et dormit.

Cependant il était certain que le lendemain il ne pourrait pas faire une seconde étape. J'allai dès le matin trouver le commandant de l'escorte ; on ne voulut pas me laisser arriver jusqu'à lui, mais je parvins à forcer la consigne. Il voulut bien m'écouter et me dire qu'il allait envoyer un médecin.

Celui-ci vint, en effet, presque aussitôt chez l'épicier. Mais nous avions trop bien traité notre lancier : vêtu de linge propre, lavé, réconforté, il n'était déjà plus le misérable de la veille. Le major allemand l'examina d'un air soupçonneux et dit qu'il pouvait continuer sa route.

J'intervins encore, pour expliquer notre marche de la veille.

— Certainement, dit le médecin, il est souffrant, mais pas assez pour qu'on le garde ici : très-exagérés, les Français ; avec eux, il n'y a pas de malades, il n'y a que des mourants ; on ne souffre pas de coliques, on se tord, je sais, je sais.

Je me mis alors à la recherche d'une carriole ; mais il me fut impossible de décider un paysan à nous accompagner.

— Non, disaient-ils, les Prussiens nous réquisitionneraient nous et notre cheval, et nous enverraient peut-être jusqu'à Paris ; il y a des gens partis avec eux depuis trois semaines et qu'on n'a point revus.

— Je crois que je pourrai marcher, dit mon lancier, je vous remercie ; vous êtes un bon garçon.

On se remit donc en route pour Damvilliers ; il pleuvait comme la veille. Pendant la première lieue j'eus l'espérance qu'il pouvait faire l'étape tant bien que mal, car il allait du même pas que nous ; la bonne nuit passée dans un lit lui avait rendu des forces, et puis, je crois aussi que la certitude de se sentir appuyé l'avait réconforté moralement ; il n'était plus seul. Mais bientôt je vis son visage se mouiller de sueur comme la veille. Il fut obligé de s'arrêter, et alors afin de regagner le temps perdu il s'épuisa tout à fait.

Bien que nos propres souffrances ne nous eussent point attendri le cœur, on éprouvait une certaine pitié pour ce pauvre garçon, et je crois que si nous en avions eu les moyens, nous l'aurions porté. Mais comme c'était matériellement impossible, on se contenta de l'aider à marcher.

Il se traîna encore pendant une lieue à peu près; puis, s'étant arrêté, il ne put pas se redresser.

— Du coup, c'est fini, dit-il; laissez-moi; merci, camarades.

Je ne voulus pas l'abandonner, et je tâchai de le relever avec de bonnes paroles. Mais que peuvent les paroles? Il ne m'écoutait pas d'ailleurs, et ses lèvres s'agitaient sans que j'entendisse ce qu'il disait : une prière sans doute.

Les soldats de l'arrière-garde arrivaient sur nous.

— *Vorwaerts.*

Je voulus leur dire qu'il y avait là un mourant; mais ils ne m'en donnèrent pas le temps ; un coup de crosse sur l'épaule, un autre sur le pied arrêtèrent mes paroles dans un gémissement. Je fus poussé, jeté en avant, pendant que d'autres soldats entouraient le lancier qu'ils n'avaient pas pu forcer à marcher.

Qu'en ont-ils fait? L'ont-ils abandonné? l'ont-ils

porté dans le village qu'on apercevait à la sortie de la forêt? l'ont-ils achevé d'un coup de baïonnette ou de deux balles dans l'oreille? je ne l'ai pas su.

—Ne le plains donc pas, me dit le cuirassier qui, la veille, m'avait aidé à le soutenir, s'ils l'ont fusillé, c'est tant mieux pour lui; au moins il ne souffre plus. On aurait un pistolet que, ma parole d'honneur, on se fusillerait soi-même.

Celui qui parlait ainsi n'était assurément pas de complexion mélancolique, et jusqu'à ce jour il avait dû croire que la terre était un pays de cocagne et non une vallée de larmes, mais on en était arrivé à un tel accablement qu'on envisageait la mort comme une délivrance : « Ce serait fini. »

Pour moi j'étais dans un état de rage furieuse qui m'enlevait la raison. Tout est relatif en ce monde, et l'humiliation des coups de crosse devait être moins horrible pour ceux qui dans leur jeunesse avaient reçu des bourrades et des taloches que pour quelqu'un qui n'avait jamais été effleuré par une chiquenaude, et qui de plus avait le malheur d'être affecté d'une fierté maladive... Battu, battu.

La douleur physique s'ajoutait à la douleur morale et l'exaspérait. Le coup de crosse sur l'épaule m'avait paralysé le bras, et celui sur le pied m'avait causé une souffrance telle que je croyais avoir les doigts cassés. Cependant il fallait marcher, et je marchai jusqu'au bout; mais en arrivant à Damvillers, je crus que j'allais défaillir quand je retirai ma botte. Heureusement rien n'était cassé. Seulement mon pied était meurtri et tuméfié comme si une lourde voiture avait roulé dessus. On me donna des linges, des compresses, de l'eau-de-vie camphrée, et je me pansai. Comment marcher le lendemain ?

Mon projet avait été de profiter d'une de ces haltes pour m'évader. Je resterais en arrière, je me cacherais chez un paysan; enfin je trouverais bien un moyen de fuir. Mais maintenant cette fuite était impossible : on ne se sauve pas avec un bras paralysé et un pied écrasé.

Nos quatre dernières étapes me furent horriblement douloureuses; la marche irritait l'inflammation de mon pied; et de jour en jour ma jambe enflait davantage; je ne pouvais plus mettre de chaussons, et j'allais le pied entortillé dans des linges, au milieu de la boue, sur la route dure et défoncée. Et cependant quand je comparais mon triste sort à celui de mes camarades, je devais reconnaître que je n'étais pas le plus à plaindre.

Je couchais dans un lit, je dînais tous les soirs; eux bivouaquaient le plus souvent en plein air, après une journée de marche sous la pluie, et n'avaient à manger qu'un morceau de biscuit. Car nos vainqueurs n'avaient pas établi de dépôt de provisions sur notre passage, bien que depuis la capitulation, le temps ne leur eût pas manqué, et il fallait vivre sur les pays que nous traversions ; or, ces pays étaient depuis deux mois épuisés par les deux armées, et ce qu'on y pouvait trouver encore était réservé pour les troupes d'escorte. Des habitants pris de pitié pour notre détresse nous jetaient quelquefois un morceau de pain au passage, mais nos gardiens les repoussaient ou même piétinaient sur ce pain.

On arriva enfin à Pont-à-Mousson : c'était là que nous devions nous embarquer pour l'Allemagne ; et l'armée française entière, officiers et soldats avait passé par là.

Quand nous entrâmes dans la gare, on formait un train d'officiers, et ceux-ci, qui avaient pu faire la route à cheval, vendaient leurs chevaux à des juifs allemands, qui les achetaient pour presque rien ; 100 francs, 200 francs, des bêtes de 1,000 et 2,000 francs. Mon attention fut attirée par un officier de chasseurs qui, au lieu d'alleraux acheteurs, avait amené son cheval dans un coin ; il lui parlait, il lui passait la main dans la crinière et l'embrassait sur le nez comme il eût fait pour son enfant.

Le cheval, qui était un magnifique étalon arabe, répondait à ces caresses par son regard intelligent, et bien certainement il sentait l'angoisse de ce moment : il fallait se séparer. On appela l'officier. Alors celui-ci, tirant son sabre, le plongea d'un coup rapide dans le cœur de son cheval, qui tomba roide mort ; puis, sans prendre souci du harnachement, il monta en wagon.

Je m'étais assis sur un tas de cailloux et, en attendant l'heure du départ, je renouvelais les compresses et les bandes de mon pied. Pendant que je faisais ce pansement, un médecin militaire allemand s'arrêta devant moi et m'interrogea.

— C'est un coup de crosse.

— Vous ne pouvez pas partir dans cet état.

Et, de fait, ma jambe était bleue et grosse à croire que la peau allait éclater.

— Attendez-moi là.

Il revint bientôt, et me dit de le suivre. Il avait obtenu la permission de me faire entrer à l'hôpital.

Ce n'est pas la justice seule qui veut qu'on reconnaisse la supériorité de son ennemi, c'est aussi l'intérêt patriotique ; car pour se corriger, et faire mieux, il faut commencer par comprendre comment et par quoi l'on a été battu : la supériorité de la stratégie des Allemands, on l'a vu à Metz et à Sedan, celle de leur artillerie sur tous les champs de bataille, celle de leur soumission à la discipline, partout ; — la supériorité de leur organisation médicale, je l'ai éprouvée personnellement à Pont-à-Mousson.

On m'avait conduit à l'église du séminaire, et là

on m'avait fait mon premier pansement. Cette église, qui appartenait autrefois à une magnifique abbaye, avait été transformée en ambulance; une épaisse couche de paille avait été répandue sur le dallage, et partout, au pied des piliers, sur les marches des autels, les blessés français et bavarois étaient couchés pêle-mêle; les Français, hélas! en bien plus grand nombre que leurs adversaires. Au milieu d'eux circulaient des infirmiers volontaires, des chevaliers de Saint-Jean, des sœurs de charité, des diaconesses accourues des parties catholiques de l'Allemagne, du Wurtemberg, de la Bavière, car tandis que chez nous on avait opposé mille empêchements à l'initiative particulière, décourageant les uns, raillant les autres (miss Clifton par exemple), répondant à tous que l'administration de la guerre était en état de soigner les blessés et n'avait besoin de personne, en Allemagne, au contraire, on avait sollicité l'organisation d'ambulances libres qui suivraient l'armée et viendraient en aide aux ambulances militaires.

Après Forbach et Frœschwiller, ces volontaires de la charité admirablement organisés, pourvus de tout, étaient accourus sur les champs de bataille, et, grâce à eux, les blessés avaient été secourus avec intelligence sans qu'on tînt compte de leur nationalité. Sans eux, combien de nos malheureux soldats seraient morts abandonnés : nos chirurgiens militaires, ignorant ou méprisant la convention internationale de Genève, se faisaient faire prisonniers à Frœschwiller pour ne s'être pas couverts de la croix de Genève, et les trois ou quatre ambulances créées par la *Société française de secours aux blessés* ne pouvait pas relever les innombrables victimes de Gravelottes, Saint-Privat et Sedan.

Me jugeant d'après les Français qu'il avait déjà soignés, le médecin de l'ambulance ne se gêna pas pour formuler tout haut, en allemand, son diagnostic sur la plaie de mon pied.

— Si ce pauvre diable n'a pas demain la gangrène, dit-il à l'infirmier qui me tenait la jambe, ce sera une chance ; je n'en veux pas ici ; il faut l'envoyer aux tentes.

J'eus malgré moi un tressaillement qui lui dit que j'avais compris ses paroles.

— Vous savez l'allemand ? me demanda-t-il avec douceur.

— Un peu.

— Vous avez compris ce que j'ai dit ?

— Exactement comme si vous aviez parlé français ; aussi, maintenant que me voilà prévenu, il ne faut pas vous gêner avec moi.

Je disais cela par forfanterie, mais j'étais en réalité vivement ému; la gangrène, dans un hôpital, au milieu de ces malheureux que je voyais étendus sur la paille maculée de sang, dans cet air putride qui vous noyait le cœur!

On me porta aux tentes sur une civière, car, maintenant que je me savais sous le coup de la gangrène, je crois que je n'aurais pas posé mon pied sur la terre, même pour me sauver d'un incendie. Ces tentes, prises aux officiers français, étaient dressées dans un grand jardin clos de murs, et grâce à la toile, l'aération y était bien meilleure que dans une maison ou une salle d'hôpital. Ce fut sans doute cette disposition qui me sauva, car la gangrène ne se déclara point, et avec le repos, la tranquilité, surtout avec les soins, je ne tardai pas à aller mieux.

J'ai déjà eu l'occasion de parler sévèrement des Prussiens, et dans le cours de ce récit ces occasions ne se renouvelleront que trop souvent, mais ce serait manquer à la justice que de ne rien dire des soins que j'ai reçus à Pont-à-Mousson; et cependant il paraît qu'à ce moment il y avait au moins 7 ou 8,000 blessés dans cette seule petite ville. Bien entendu, je ne sais pas si tous ont été traités comme je l'ai été; mais pour moi et pour mes camarades, la vérité est que nous l'avons été aussi bien que possible, avec compassion, même avec sympathie, surtout par les sœurs de charité et les chevaliers de Saint-Jean. Prisonniers, on nous avait mis à une diète rigoureuse, qui nous laissait mourir de faim ; blessé on nous donnait le superflu: du chocolat, des cigares, même de l'argent.

Comme je n'avais pas abandonné mon projet d'évasion, qui chez moi était devenu une idée fixe, je me refusai à reconnaître l'amélioration de ma blessure, et quand le major me dit qu'il ne me garderait plus que quelques jours, je me plaignis de vives douleurs dans la jambe, douleurs cachées, cela va sans dire, et que j'étais seul à préciser. Je voulais gagner du temps et permettre ainsi à mon pied de reprendre assez de force pour faire plusieurs lieues le jour où je sauterais par-dessus les murs de notre jardin.

Mais précisément la veille du jour que je m'étais fixé pour mon évasion, on me réunit à une douzaine de camarades convalescents, et une escorte de soldats de la landwehr nous conduisit à la gare, où un train nous attendait en partance pour l'Allemagne. De l'état de blessés, nous étions revenus à l'état de prisonniers, et c'en était fini des douceurs.

Ce train, formé avec des waggons découverts qui

servent au transport des marchandises et des bestiaux, était déjà plein de prisonniers qui arrivaient de Paris et des plaines de la Beauce. Il y avait plus de quarante heures qu'ils étaient dans ces voitures, et comme ils n'avaient ni planche ni paille pour s'asseoir, ils se tenaient debout; leurs jambes vacillaient, et quand on m'introduisit presque de force dans un waggon déjà rempli, j'aurais fait tomber mes malheureux camarades s'ils n'avaient point été tassés les uns contre les autres. Ils n'étaient que trente-neuf, et comme un placard annonçait que le waggon était pour quarante hommes ou dix chevaux, il y avait encore place pour moi — au moins d'après ce règlement.

J'aurais bien voulu faire causer mes compagnons de route et apprendre d'eux ce qui se passait en France, mais ils étaient dans un tel état d'accablement et de prostration qu'il me fut presque impossible de leur arracher trois paroles suivies : ils étaient mobiles de la Nièvre, on les avait pris du côté d'Épernon sans qu'ils eussent tiré un seul coup de fusil, et ce fut tout.

Mais c'en était assez pour exciter en moi une vive inquiétude : Si les Prussiens étaient déjà à Épernon, Courtigis se trouvait menacé par l'invasion; alors que deviendrait ma mère? Depuis la bataille de Sedan j'avais pu lui écrire plusieurs lettres, mais je n'avais point eu de ses nouvelles, car je n'aurais eu chance d'en avoir, qu'en lui disant que j'étais malade à Pont-à-Mousson, ce que je m'étais gardé de faire pour ne pas l'effrayer inutilement.

Mon parti fut vite pris; coûte que coûte, et n'importe comment, je m'échapperais. Si je n'avais pas eu la sottise de me faire prendre dans le ravin de Givonne; si, plus tard, j'avais eu le courage de traverser la Meuse à la nage, sans m'épouvanter des cadavres que le courant entraînait, j'aurais pu arriver à temps à Courtigis.

Notre train, composé de quarante waggons, marchait lentement; cependant il allait encore trop vite pour qu'il me fût possible de sauter à terre; en temps ordinaire, j'aurais pu le risquer; avec mon pied endolori, c'était me jeter sûrement sous les roues. J'attendis donc la prochaine station, mais elle était si bien gardée par un peloton de Bavarois qu'il ne fallait pas espérer échapper à la surveillance. Ce serait pour la suivante. Elle était gardée comme la première; de chaque côté de la voie se tenait un poste les armes prêtes, tandis qu'au dehors des sentinelles écartaient à coup de crosses les habitants qui voulaient approcher pour nous jeter du pain ou du tabac.

J'espérai que la frontière dépassée, cette surveillance se relâcherait. En effet, elle fut moins active lorsque nous fûmes entrés dans les provinces rhénanes, mais alors une autre difficulté surgit : il faisait jour, et en plein midi, je ne pouvais guère sortir de mon waggon sans être vu.

Enfin, à la nuit tombante, nous arrivâmes à Neunkirchen, qui est, comme on sait, le point de jonction des lignes de Bingen et de Neustadt. Si j'attendais davantage, je m'exposais à me laisser emporter en Allemagne, et une fois le Rhin franchi, mes chances de retour diminuaient considérablement.

Heureusement la ligne était encombrée et l'on nous fit stationner sur une voie de garage ; autour de nous et de chaque côté, des waggons vides étaient entassés. Alors me débarrassant de mon manteau, le seul vêtement militaire que j'eusse sur le dos, car je portais toujours le costume civil que j'avais pris à Sedan, j'escaladai notre waggon et me laissai glisser sur la voie, puis, passant à plat ventre sous les voitures qui nous entouraient, j'allai me blottir dans la guérite d'un serre-frein.

Le temps m'y parut long. Le train qui m'avait amené ne partira donc jamais ? Si mes camarades avaient l'imprudence de parler haut entre eux, et de s'occuper de ma disparition, les Prussiens s'inquiéteraient, chercheraient, et alors? Alors fusillé.

Écrit, ce mot ressemble peut-être à un autre, mais quand on se le prononce et qu'on se l'applique, il rêvet tout de suite une tournure assez effrayante. Blotti dans une guérite, je serais pris comme un lapin dans son terrier et d'une façon ridicule, sans pouvoir faire un mouvement. Fusillé passe encore, mais ridicule, ma foi, non. Je descendis pour me mettre simplement dans l'ombre d'un waggon chargé de fourrages.

Les locomotives sifflaient, les lanternes se balançaient, mon train ne partait pas. Enfin, un sifflet rauque retentit, c'était celui que j'avais si souvent entendu depuis notre départ de Pont-à-Mousson. Je respirai; le train des prisonniers s'ébranla, et ses feux rouges s'éteignirent dans la nuit. On ne s'était pas aperçu de mon évasion.

Mais je n'étais pas sauvé; j'étais en plein pays allemand, et avant de penser à traverser la frontière française ou belge, je devais sortir de la gare, ce qui était assez périllieux.

Je restai dans l'ombre de mon waggon, puis, quand j'estimai qu'il s'était écoulé assez de temps pour qu'on ne pensât plus au train des prisonniers français, je me dirigeai avec précaution vers les clôtures de la gare, rampant derrière les voitures, me cachant entre les amas de marchandises.

Au moment où j'atteignais un hangar qui longeait le chemin extérieur, j'entendis un sifflet annonçant l'arrivée d'un train. Alors, voulant profiter du mouvement des voyageurs et me perdre dans leur va-et-vient, je sautai vivement dans le chemin sans que personne me vît.

Une voiture de correspondance stationnait devant la gare, abandonnée par le cocher, qui, sans doute, était allé au-devant des voyageurs; la portière était ouverte, j'y montai vivement et me plaçai tout au fond. Bien entendu je ne savais pas où devait me conduire cette voiture, mais elle me conduirait quelque part, et un homme qui arrive en voiture inspire toujours moins de défiance que s'il se présente à pied. D'ailleurs, j'avais hâte de sortir de Neunkirchen; il me sembait que les arbres, les murailles qui avaient vu mon évasion allaient crier: « Le voilà, c'est lui le Français. »

Personne ne se présenta pour monter dan la voiture, et quand le cocher revint, il parut tout surpris de me voir installé.

— Türkheim?

— Ia, ia.

Je crus qu'il allait fermer la portière, mais il

prit sa lanterne et chercha un livre sous les coussins : tout en cherchant il projetait la lumière sur moi et me regardait. Avait-il des soupçons, ou simplement de la curiosité ?

Le livre trouvé, il se décida à monter sur son siége, et après avoir joué un air de trompette, il partit.

C'était à Türkheim que j'allais ; il me semblait que c'était une petite ville au nord de Neustadt, mais je n'étais pas très-certain de mes souvenirs géographiques ; heureusement cela était de peu d'importance. L'essentiel était de m'éloigner d'une ligne de chemin de fer où la surveillance devait être plus active, et cette voiture me rendait ce service. La seule chose qui me préoccupât était de savoir ce que j'allais faire à Türkheim, si, comme cela était probable, quelqu'un m'interrogeait.

Il y avait à peu près une heure que nous roulions quand une idée me traversa l'esprit : comment payer ma place? Je n'avais sur moi que de l'argent français. Cela n'éveillerait-il pas les soupçons? Pourquoi de l'argent français dans la poche d'un Anglais? On chercherait ; on m'arrêterait.

Nous traversions alors un petit bois et, comme il y avait une montée, les chevaux allaient au pas; j'ouvris la portière, je descendis doucement et me jetai dans le bois.

— Je vous attendrai en haut, me cria le cocher.

Mais il eut beau attendre, claquer, jouer de la trompette, je n'avais garde de le rejoindre. Je n'étais plus au temps où une nuit passée à la belle étoile était un souci, et même à la pensée de ne pas avoir à répondre au maître d'hôtel de Türkheim, je me sentais soulagé.

Il m'était facile de m'orienter : devant moi j'avais Türkheim, derrière Neunkirchen d'abord, puis plus loin Sarrebruck et la frontière française; à droite j'avais les plaines de Hombourg, à gauche le bassin de la Sarre. Ce fut de ce côté que je résolus de me diriger; j'y trouvais l'avantage de ne pas trop m'éloigner de notre frontière, et si je ne pouvais pas la franchir, de me rapprocher au moins de Luxembourg, où je me réfugierais.

Mais je ne fis pas une longue course ce soir-là, le bois était plus étendu que je ne l'avais cru tout d'abord. De peur de m'égarer dans la nuit et de revenir à Neunkirchen, je me couchai au pied d'un arbre où je dormis assurément mieux que si j'étais resté dans le waggon qui emportait mes camarades en Allemagne; la nuit était une belle nuit d'automne vaporeuse et douce; je n'entendais plus parler allemand; je ne respirais plus l'odeur du chloroforme mêlée aux miasmes de l'ambulance;

j'avais l'espoir de rentrer bientôt en France ; j'étais libre.

Bien que le froid du matin m'eût éveillé de bonne heure, j'attendis pour sortir de mon bois le moment où je pouvais être rencontré sur le grand chemin, sans provoquer la curiosité des paysans. Et cet excès de précaution, que je croyais propre à mettre les chances favorables de mon côté, me jeta dans une aventure terrible.

Comme je traversais un grand village, j'entendis derrière moi un bruit de ferraille qui ressemblait étonnamment à celui de ma voiture de Neunkirchen. Mais je ne me retournai point pour regarder ce qui m'arrivait sur le dos, me disant que ce bruit était sans doute commun à toutes les voitures allemandes; et étant d'ailleurs absorbé par la préoccupation beaucoup plus sérieuse que faisait naître dans mon esprit la vue de deux gendarmes prussiens arrêtés devant un cabaret. Que répondre à ces gendarmes s'ils me demandaient des papiers?

Avant que j'eusse trouvé une réponse satisfaisante à cette question, la voiture me rejoignit, et alors une voix cria en allemand : « Arrêtez-le, arrêtez-le. »

C'était la voix et la guimbarde de mon cocher de Neunkirchen.

Mon premier mouvement fut de chercher par où je pourrais me sauver, mais la rue était pleine de monde, les gendarmes avaient déjà en main la bride de leurs chevaux, je tâchai de payer de mine.

— M'arrêter! dis-je en allemand; et pourquoi?

Mais, au lieu de répondre, le cocher sauta à terre et me prit au collet. Les gendarmes arrivèrent. Alors le cocher raconta comment j'étais monté la veille dans sa voiture, sans qu'il sût d'où je venais, et comment j'en étais descendu, sans qu'il sût où j'étais passé.

— Il n'a pas payé, dit-il, c'est un franc-tireur.

A ce mot il y eut un mouvement parmi les curieux qui m'entouraient, des exclamations et des rires : quelle chance de voir un franc-tireur qui ne pouvait pas tirer! Je compris que pour ces paysans j'étais et serais toujours un franc-tireur, cependant je voulus me défendre.

— Cet homme est fou, dis-je, je suis un gentleman anglais voyageant pour son plaisir; je viens de Sarrebruck, je vais à Trèves.

— Ce n'est pas la route de Trèves.

— C'est celle qu'il m'a plu de prendre; je suis venu de Trèves à Sarrebruck par la route de la Sarre, je retourne par celle-ci pour ne point passer deux fois par le même chemin.

— Quand êtes-vous parti de Sarrebruck, me demanda un des gendarmes.

— Ce matin, dis-je, pour éviter qu'on me demandât où j'avais couché.

Mais la réponse était malheureuse : les gendarmes, le cocher et les curieux se mirent à rire.

— Vous avez fait quatre milles en trois heures? dit le gendarme.

Évidemment j'avais lâché une sottise, on ne fait pas quatre milles, autrement dix-huit lieues en trois heures; j'avais mal calculé les distances, ce qui était difficile d'ailleurs, puisque je ne savais pas où j'étais.

— Je marche bien, dis-je, pour essayer de me rattraper aux branches.

— Tant mieux, répliqua le gendarme, il vous sera plus facile de nous suivre.

A cette plaisanterie, toutes les bouches s'ouvrirent pour lancer un formidable éclat de rire; mon cocher se redressait comme un coq : il avait fait arrêter un franc-tireur.

L'histoire du franc-tireur avait déjà couru jusqu'au bout du village; on se bousculait pour me voir et j'entendais les propos les plus étonnants : j'avais voulu faire sauter le tunnel de Wei kirchen; ma troupe minait les ponts du chemin de fer.

Le bourgmestre arriva aussi vite que le permettait la majesté de son ventre; une longue pipe en porcelaine lui pendait aux lèvres et il en tirait des bouffées de fumée qu'il lâchait régulièrement comme une locomotive qui se met en marche remorquant un poids lourd.

Il tint conseil avec les gendarmes, et il fut décidé qu'on me conduirait à Sarrelouis, où mon cas serait tiré au clair,

— Prenez bien vos précautions, recommanda le bourgmestre.

On me fouilla, et naturellement on ne trouva sur moi ni révolvers ni sabres.

— C'est égal, continua le bourgmestre, prenez bien vos précautions; en chemin, sa troupe peut vouloir vous l'enlever.

— Et ça! dit le gendarme, en tirant un pistolet de sa fonte.

— C'est égal! c'est égal! répéta le bourgmestre; veillez bien; vous êtes responsable; il faut l'attacher.

Un nouveau conseil fut tenu; le bourgmestre et l'un des gendarmes sortirent de la foule, quelques habitants se joignirent à eux, et au bout de dix minutes, on revint avec une de ces chaînes qui servent à attacher l'un à l'autre deux malfaiteurs qu'on conduit de brigade en brigade.

Comme j'étais seul, on m'attacha à l'un des gendarmes : la chaîne fut fermée à son poignet par une serrure, on la ferma au mien par une autre, et le gendarme qui devait nous accompagner mit la clef dans sa poche.

Lorsque les deux gendarmes furent en selle, la foule me salua d'un long cri et je dus régler mon pas sur celui des chevaux. En route pour Sarrelouis ; si je parvenais à m'échapper, j'aurais vraiment une belle chance.

## XVII

M'échapper dans les conditions où je me trouvais, enchaîné à un gendarme, surveillé par un autre qui me casserait la tête d'un coup de pistolet au premier pas que je ferais, me paraissait si parfaitement impossible que je n'y pensais même pas.

Ma seule préoccupation était de chercher le thème que j'aurais à développer devant les autorités prussiennes de Sarrelouis, et il y avait là de quoi tenir mon esprit en éveil. Accepterait-on ma fable du gentleman anglais ? Elle n'était guère solide et dans le détail elle offrait bien des points faibles.

Les chevaux de mes gendarmes avaient le pas

long, il m'était assez pénible de les suivre; mon pied n'était pas guéri complétement et je traînais la jambe. Quand je m'attardais, la chaîne se roidissait et d'un coup sec mon gardien me ramenait à la hauteur de sa selle. Ce coup n'était pas très-douloureux, mais il était exaspérant.

Ce qui était le plus exaspérant encore c'était la traversée des villages : les femmes, les enfants sortaient dans la rue pour me voir passer, et quand on savait que j'étais un franc-tireur qui avait voulu incendier et ruiner le pays, on m'accompagnait avec des huées et des vociférations. Ces paysans, cependant, avaient en général la mine assez débonnaire, mais cela leur paraissait épouvantable qu'un franc-tireur eût osé venir chez eux pour les ruiner; au fond de leurs consciences épaisses se réveillaient assurément les souvenirs confus de la guerre du Palatinat et des horreurs commises alors par les Français. Fallait-il leur en vouloir? Non sans doute. Et si dans cent ans ou deux cents ans un Prussien est promené prisonnier dans les villages de l'Ile-de-France ou du Vexin, il ne pourra pas se plaindre que les paysans lui jettent la pierre: il payera pour ses ancêtres les uhlans.

Puisque j'étais prisonnier, il me sembla que je pouvais profiter des avantages de ma triste position; je demandai qu'on m'achetât un morceau de pain. Les gendarmes se firent prier, mais comme ils m'avaient pris cinq louis dans ma poche, il était assez difficile de ne pas se rendre à mon insistance.

Ce morceau de pain me donna des jambes et nous fîmes trois ou quatre lieues sans que les coups de chaîne qui me rappelaient à l'ordre fussent trop fréquents. A la longue mes gardiens s'étaient adoucis, et la frayeur qui leur avait été soufflée par le bourgmestre s'était peu à peu dissipée; je n'étais pas si féroce qu'on l'avait cru. A leur conversation je sentais ces changements progressifs. Ils se rassurèrent si bien qu'à un moment le gendarme qui portait la clef de ma chaîne demanda à mon camarade s'il me conduirait bien seul.

— Parbleu !

—Alors, je vais prendre les devants; j'irai jusqu'à Lissungen et vous rejoindrai à Laurenburg ; si vous êtes arrivé avant moi, vous m'attendrez.

Il prit en effet un chemin latéral, et nous continuâmes la grande route jusqu'à un village où mon gendarme éprouva le besoin de se rafraîchir ; mais le rafraîchissement, et surtout le récit de ma capture, prirent un temps assez long. Alors, pour regagner le temps perdu, il allongea le pas. Tant que je pus, je le suivis ; mais il arriva un moment où la fatigue, et plus encore l'engourdissement de mon pied, me mirent en retard. Les coups de chaîne se succédèrent, et aussi les jurons.

— Je ne peux pas suivre votre cheval : allons moins vite.

Au lieu de se rendre à ma demande, il piqua son cheval pour le mettre au trot. Je résistai.

— Si vous ne marchez pas, je vous donnerai des coups de plat de sabre.

— Essayez donc.

Je n'avais pas lâché ce mot qu'il dégaîna et m'appliqua un grand coup de plat sur l'épaule, précisément à la même place où j'avais déjà reçu un coup de crosse dans notre marche de Sedan à Pont-à-Mousson. La douleur m'exaspéra, je me pendis à deux mains sur ma chaîne et le fis tomber. Son sabre roula dans le fossé.

Il se releva vivement et vint sur moi ; j'étais contre son cheval, instinctivement je mis la main sur la fonte, et prenant son pistolet :

— Si vous avancez, je tire.

Il s'arrêta et nous nous regardâmes un moment. Tout cela s'était passé si vite, que nous avions besoin l'un et l'autre de nous reconnaître.

La situation s'était singulièrement améliorée

pour moi ; j'avais un pistolet, et le gendarme n'avait plus d'armes ; l'un et l'autre nous étions enchaînés par une main, et l'un et l'autre aussi nous étions à pied.

Le gendarme parut se rendre compte du danger de sa position et bien comprendre que je tenais sa vie au bout de mon pistolet. Si j'étais le terrible franc-tireur qu'on avait dit, il était un homme mort. Il regarda autour de lui, mais il n'avait pas de secours à attendre, on ne voyait personne ; il n'avait pas à appeler, nous étions sur un plateau, au milieu de grands bois, loin de toute habitation et de champs cultivés où pourrait se trouver un paysan au travail.

Pendant qu'il faisait ce raisonnement, j'en faisais un d'un autre genre ; si je me sauvais ? J'étais, il est vrai, attaché au Prussien, qui n'avait pas la clef de nos serrures, mais ce ne devait pas être là une impossibilité ; il n'y avait qu'à trouver un moyen pour casser la chaîne. Quel moyen ?

Ne me sentant pas en sûreté sur la grande route pour chercher une solution à cette difficulté, car d'un moment à l'autre quelqu'un pouvait venir, et alors j'étais repris, je voulus entrer sous le bois. Un sentier débouchait sur la route, je résolus de le prendre.

—Nous allons nous mettre à l'ombre, dis-je à mon Prussien, et comme nous sommes attachés l'un à l'autre, vous me ferez le plaisir de vous conformer à ce que ce pistolet vous ordonnera, — parlant par ma bouche. D'abord je vous interdis de crier, ou immédiatement je vous brûle la cervelle; ensuite, vous marcherez toujours devant moi, à la longueur de la chaîne, sans vous retourner, ou je vous tire dans le dos. C'est entendu, n'est-ce pas?

Il ne répondit pas, mais je vis qu'il avait compris.

— Pour commencer, et afin de ne rien laisser traîner derrière nous, nous allons ramasser votre sabre; seulement, comme vous pourriez avoir l'idée de me tomber sur le dos, nous allons marcher à reculons; vous ne viendrez que quand je tirerai la chaîne.

Il exécuta cette manœuvre comme s'il l'avait travaillée pendant plusieurs années; je ramassai le sabre sans courir le moindre danger et le jetai au loin.

— C'est parfait, maintenant nous allons prendre ce sentier et vous irez devant.

Il s'exécuta encore sans répliquer : de ma main libre je tenais le pistolet à la hauteur de son épaule et de ma main enchaînée je traînais le cheval par la bride.

Nous suivîmes le sentier pendant dix minutes à peu près, puis apercevant un amas de blocs de grès rouge, je lui dis de tourner de ce côté. Mais avant j'accrochai la bride du cheval dans la fourche d'un arbre, de manière qu'il ne pût pas s'échapper. Nous étions assez éloignés de la route pour qu'on ne nous entendît pas; le bois était épais; les rochers offraient un bon abri, je m'arrêtai là pour briser ma chaîne.

Le moyen que j'avais choisi était des plus simples : il consistait à poser la chaîne sur un rocher et à frapper dessus avec une pierre dure de manière à casser un anneau.

Je ramassai un caillou qui me parut propre à servir de marteau, et posant la chaîne sur un rocher :

— Vous allez taper là-dessus, dis-je au gendarme.

— Moi, jamais !

— Alors, je tire.

— Tirez.

J'ajustai ; le gendarme ne baissa pas les yeux.

— Pourquoi ne voulez-vous plus obéir?

— Je veux bien ne pas crier, je veux bien vous suivre ; mais je ne veux pas vous aider à vous sauver

Je restai un moment interloqué ; mais ne voulant pas lui donner l'avantage moral de sa résistance :

— C'est bon, tenez-vous tranquille, je vais la casser moi-même.

La difficulté pour moi consistait à ajuster le Prussien d'une main, à frapper sur la chaîne de l'autre, et à la tenir pour que mes coups fussent appliqués toujours à la même place. Je me servis de mon pied, que je posai sur la chaîne, et je commençai à frapper.

Mais je n'avais pas donné trois coups, que je vis une lame briller dans la main du gendarme. Sans que je m'en fusse aperçu, il avait atteint son couteau et l'avait ouvert. Il se jeta sur moi, et je sentis le froid du fer me descendre dans le dos.

Je voulus le repousser, mais il ne lâcha pas prise et je vis son couteau se relever pour frapper une seconde fois; instinctivement, mon doigt pressa la gâchette du pistolet, le coup partit; le malheureux ouvrit les bras, vacilla une seconde et tomba en avant.

Je me penchai sur lui et le tournai sur le côté, mais tout secours était inutile, le coup l'avait atteint en pleine poitrine, et la balle avait dû traverser le cœur; la mort avait été foudroyante.

Je restai atterré : à Sedan, j'avais vu des Prussiens et des Bavarois tomber sous mes balles; mais Sedan était une bataille. Pauvre gendarme! C'était un brave; comme il m'avait bien dit « Tirez » quand j'avais voulu le contraindre à briser notre chaîne ; comme il s'était jeté courageusement sur moi quand il avait compris que je pouvais lui échapper!

Au coup de feu il s'était élevé un bruit confus dans le bois ; des oiseaux effrayés s'étaient envolés et avaient passé en criant. Sans doute on avait entendu la détonation ; des gardes allaient venir; on me découvrirait ; on m'arrêterait; on me jugerait comme assassin.

A cette pensée, je fus pris d'un tremblement nerveux. Cependant je ne fis point un seul pas pour me sauver. Où me sauver, d'ailleurs, et comment? J'étais enchaîné à ce cadavre.

Combien je restai là, je n'en sais rien. Longtemps, je pense; mais j'avais perdu le sentiment du temps. J'attendais ; on allait certainement venir, et il me semblait entendre au loin, dans les bois, les pas de ceux qui me cherchaient. Une branche morte qui tombait, un lapin qui foulait l'herbe, un oiseau qui s'envolait, les bruits indistincts de la forêt me faisaient tressaillir; le silence m'étouffait. Mes yeux n'osaient se poser sur le cadavre du gendarme, et je regardais au loin, à vingt pas, droit devant moi;

et cependant malgré mes efforts, je le voyais à mes pieds avec la tache de sang qui rougissait son uniforme.

Un chevreuil qui bondit auprès de moi me tira de cet engourdissement douloureux ; en me voyant il eut une peur égale à celle que j'avais eue en l'entendant, et il partit comme un trait. Pourquoi ne pas me sauver aussi ? Rien n'est désespéré tant qu'on n'est pas pris, et quand on est pris, tout n'est pas perdu encore si le courage vous reste.

Mais pour tenter de me sauver je devais commencer par me débarrasser de ce mort, et c'était là le difficile, car pour cela il fallait briser la chaîne, frapper dessus, faire un bruit, c'est-à-dire appeler les gens qui devaient me chercher ; car n'eût-on pas entendu le coup de pistolet, le second gendarme, fatigué de ne pas voir son camarade arriver au rendez-vous avait assurément donné l'alarme, et il n'était pas besoin d'une grande finesse pour deviner que j'étais caché dans cette forêt. Il importait donc d'en sortir au plus vite, ou tout au moins de m'éloigner des lieux dans lesquels on pouvait me chercher. Mais comment, avec ce cadavre à traîner derrière moi ?

Je tâchai de m'affermir, et la peur d'être condamné comme assassin me donna du courage. Je me baissai sur le gendarme et le pris dans mes bras; la rigidité cadavérique avait déjà commencé pour la partie supérieure, le cou et le tronc, mais elle n'avait pas gagné les jambes qui conservaient encore leur souplesse.

Quel poids! quel fardeau! moralement j'étais écrasé, et bien que je n'eusse qu'une centaine de pas à faire pour retrouver le cheval, j'arrivai à bout de forces. Le cheval n'avait pas bougé.

Il fallait charger le cadavre et ensuite se mettre en selle. Je ne sais comment j'y parvins, car le cheval se débattait, le cadavre penchait tantôt à droite tantôt à gauche, et de plus j'étais fort empêché par ma chaîne, sans parler de mon émotion qui me troublait les yeux, et rendait ma main tremblante quand je devais saisir le corps pour le retenir ou le pousser.

J'aurais voulu faire trotter le cheval, mais c'était impossible à cause du ballottement, je me contentai de le mettre au pas allongé, et je le dirigeai de manière à avoir toujours le soleil dans le dos ou à ma gauche pour être certain de ne pas revenir sur mes pas. Si je ne rencontrais personne, j'avais peut-être quelques faibles chances, mais si j'étais vu avec ce cadavre devant moi, j'étais perdu.

Pendant deux heures à peu près j'allai ainsi au

hasard, ayant soin d'éviter les grands chemins que je coupais, et prenant même souvent à travers bois quand le sentier me paraissait trop frayé : je descendais dans des vallées, je montais sur des collines et les branches, les ronces, les épines déchiraient mes mains et mon visage. Mais cette petite douleur n'était rien à côté de l'horrible impression que je ressentis, quand le cadavre lui-même étant accroché, j'étais obligé de le replacer en équilibre. Pour ne pas voir sa face pâle, je l'avais couché sur le ventre.

Mon cheval était baigné de sueur et il soufflait péniblement ; plusieurs fois il avait failli s'abattre. Si cela arrivait je me trouverais encore avec mon fardeau sur les bras. Je jugeai que j'avais fait assez de chemin, et je m'arrêtai sur le haut d'une colline, au milieu d'un groupe de rochers entre lesquels avaient poussé çà et là des genévriers et des broussailles ; l'endroit était désert et personne ne devait avoir affaire dans cette partie de la forêt qui n'avait pas de chemins ; au loin, à deux kilomètres à peu près dans la plaine, commençaient les champs cultivés, et çà et là on voyait des villages sur le cours d'une rivière.

Pendant mon séjour à Metz, alors qu'on faisait des plans de campagne pour envahir l'Allemagne, j'avais étudié sur la carte cette partie de la frontière qui s'étend du Luxembourg au Rhin, et je conjecturai que cette rivière devait être la Brems, qui se jette dans la Sarre à quelques kilomètres au-dessous de Sarrelouis. Il me fallait donc, pour entrer en France, laisser cette rivière sur ma gauche, traverser la Sarre où je pourrais, et toucher la frontière entre Sierck et la forêt de Kaldenhoven. Mais avant tout, il fallait me détacher du gendarme. Pour cela j'avais trois ou quatre heures devant moi, car je ne voulais m'engager dans la plaine qu'après que la nuit serait tombée.

Après avoir attaché mon cheval à un bouleau, je dus descendre le cadavre comme je l'avais monté, et, le prenant dans mes bras, je le portai sous un énorme bloc de quartz rouge légèrement creusé à sa base.

Une fois encore je me trouvai en tête-à-tête, face à face, dans le silence de la forêt, avec ce corps. Alors, ne pouvant pas supporter plus longtemps l'horreur de cette position, je m'occupai à briser la chaîne. Mais, pour ne pas attirer l'attention, je ne frappais que de dix minutes en dix minutes, calculant que si, par hasard, on entendait un coup isolé qui ne se répétait pas, on passerait son chemin sans s'inquiéter.

La besogne fut longue, car le fer des anneaux était de bonne qualité, et sous les coups il s'allongeait et s'aplatissait sans se rompre. Sur une enclume et avec un marteau, la rupture se fût faite néanmoins facilement, mais pour enclume je n'avais qu'un morceau de grès, pour marteau qu'un caillou, et ils s'émiettaient l'un et l'autre.

Enfin le fer devint de plus en plus mince et je pus le briser avec mes doigts en le tortillant. En trois bonds je fus à dix pas du rocher. Je n'étais certes pas encore libre, mais je n'étais plus enchaîné, je respirai.

J'avais besoin de remuer, d'agir, de me secouer pour échapper à l'impression affreuse qui pesait sur moi comme un horrible cauchemar; je me mis à cueillir çà et là de l'herbe que j'apportais à mon cheval et que je lui faisais manger à la main.

Le soleil baissa, disparut à l'horizon derrière les coteaux de la Moselle, et l'ombre du soir descendit sur la plaine. J'attendis deux heures encore, debout appuyé contre la selle du cheval; puis je me mis en route à pied, conduisant ma monture par la bride.

Ce fut seulement à l'entrée de la plaine que je me mis en selle; il faisait clair de lune, mais le ciel était coupé par des nuages et je comptais sur leur ombre pour obscurcir le trop de lumière. J'avais retrouvé tout mon calme, et les émotions nerveuses qui m'avaient affaibli dans la forêt s'étaient dissipées ; je marchais à mon but parfaitement résolu et maître de mes idées.

Dans le premier village que je traversai, les habitants n'étaient point encore couchés et quelques portes s'ouvrirent pour me voir passer ; mais j'étais un cavalier comme un autre, car j'avais eu soin d'enlever au harnachement de mon cheval tout ce qui rappelait la gendarmerie. D'ailleurs, j'allais d'un trot tranquille qui ne devait pas provoquer la surprise ; seulement, je me tenais prêt à partir au galop à la moindre alerte.

Je ne sais pas quels chemins je pris, et bien que depuis j'aie étudiée ma route sur une carte détaillée, il m'a été impossible de la retrouver ; sans doute je tournai plusieurs fois sur moi-même, car lorsque j'arrivai à la Sarre, il était onze heures, et j'avais marché longtemps ; l'endroit était désert et silencieux.

Où était Sarrelouis ? où était Merzig ? Pour moi la question était là ; car il était probable qu'une surveillance avait été organisée pour me prendre si je voulais passer les ponts dans ces deux villes, et mon intention était de ne pas m'en approcher.

Une vaste prairie pleine de vaches et de chevaux longeait la rivière, je retirai la bride et la selle de mon cheval et le lâchai avec ces animaux; puis, prenant le harnachement sur mon dos, j'allai le jeter dans la rivière; si l'on me cherchait, il faudrait attendre au moins jusqu'au jour pour trouver les traces de mon passage.

Alors je me déshabillai et fis un paquet de mes vêtements, que je m'attachai sur la tête; puis je descendis dans la rivière et traversai la Sarre à la nage. L'eau n'était certes pas chaude, mais je me réchauffai en pensant que les Prussiens, qui devaient me guetter sur les ponts de Sarrelouis et de Merzig depuis le soir, et qui m'y attendraient jusqu'au matin, avaient encore plus froid que moi.

La Sarre, heureusement franchie, je marchai rapidement droit devant moi, me dirigeant au moyen de la lune dont, tant bien que mal, je calculais l'orientation.

Je traversai des villages endormis, des plaines silencieuses, puis d'autres villages et encore d'autres plaines; des chiens aboyèrent après moi, mais personne ne sortit pour me barrer le passage. D'ailleurs j'évitais les chemins et je marchais à travers champs; quand je rencontrais une clôture, je l'escaladais ou la tournais; les vallons succédaient aux collines; les collines aux vallons; les bois aux champs; les champs aux bois, j'allai toujours.

Le jour me prit dans une forêt. Où étais-je? La frontière était-elle franchie? Oui, si j'avais marché droit dans le sud, mais j'avais pu m'égarer dans l'ouest ou dans l'est, et alors j'étais toujours en Prusse. Je marchai durant une heure encore, puis j'aperçus un paysan occupé à couper des genets : tout en travaillant il chantait une vieille chanson française : « *Bon maréchal, veux-tu forger?* » Je devais être en France ; je me risquai.

— Est-ce que je suis encore loin de Sierck?

— Une petite lieue.

J'eus un soupir de soulagement et m'appuyai à un arbre pour respirer. Le paysan me regarda un moment.

— Vous ne seriez pas un officier échappé, par hasard?

— Et si j'en étais un?

— Alors, je vous dirais : Tapez là, et venez vous réchauffer à la maison; car je suis un bon Lorrain et « vive la France! »

## XVIII

Si je l'avais laissé faire, le brave Lorrain eût mis le feu à sa maison pour me réchauffer. Il ne savait que me proposer pour m'être agréable : des œufs, du jambon, du vin blanc de Sierck. La première chose que j'acceptai fut une lime pour scier le morceau de chaîne qui me restait attaché autour du poignet. Puis je lui demandai une blouse et un pantalon de toile dont je me vêtis aussitôt. Alors, faisant un paquet de mes habits anglais, je .e jetai au milieu du feu.

— Eh bien! eh bien! dit le Lorrain qui n'aimait pas à perdre ce qui avait de la valeur.

— C'est une précaution ; on peut me poursuivre; si on trouvait ces vêtements chez vous, on vous arrêterait comme complice, et ils vous coûteraient plus cher qu'ils ne valent.

—Peut-être bien que vous avez raison; avec leurs dragons, leurs uhlans, leurs chevau-légers, leurs hussards rouges, ils ne se gênent pas pour nous visiter. Ah! si seulement, à Metz, on faisait comme à Thionville! Mais non, mais non : on parle des sorties de Bazaine, moi je n'y crois pas; quand on a 150,000 hommes de bonnes troupes et qu'on veut sortir, on sort; le bon Dieu lui-même ne vous en empêcherait pas; ou bien, si l'on n'est pas sorti après six semaines, c'est qu'on est un traître ou un propre à rien. Les Prussiens ne se donnent même plus la peine de se garder, à preuve qu'ils savent bien qu'il ne veut pas sortir; j'ai un parent à Vionville, il a chez lui des artilleurs hessois, et il me disait que maintenant ils passent leur temps à dormir et à se faire faire du café. C'est par là que nous jugeons nous autres; et ces petites choses-là nous en disent plus long que les journaux. Ah! ce n'est pas comme ça qu'on entendait la guerre autrefois; tout près d'ici nous avons le château de Rodemack; en 1815, cent cinquante Français s'y sont défendus contre 7 ou 8,000 Prussiens, et ils les ont repoussés après leur avoir tué 600 hommes; mon père y était; mais maintenant, malheur, vendus ou bien trahis.

Il voulut me conduire lui-même jusqu'à la frontière du Luxembourg et me la faire franchir.

Le lendemain j'étais à Bruxelles et deux jours après, par Amiens et Rouen, j'arrivais à l'Aigle, où je prenais une voiture pour Courtigis.

Depuis mon départ de Bruxelles j'avais occupé mon temps en chemin de fer à dévorer les journaux et j'étais plein d'inquiétude. J'avais vu les Prussiens brûler Ablis, brûler Cherisy, brûler plusieurs villages sur l'Eure, qu'avaient-ils fait de Courtigis? qu'était devenue ma mère? s'était-elle retirée devant l'invasion? était-elle restée au contraire pour protéger notre fabrique par sa présence et sa fermeté?

A l'Aigle on racontait les histoires les plus contradictoires : les Prussiens étaient partout; ils avaient tout brûlé; on les attendait d'un moment à l'autre; et, pour les recevoir, on s'exerçait au maniement du fusil avec des manches à balai. Il y avait peu d'enthousiasme, surtout peu de confiance; il est vrai que la façon dont 3,000 mobiles venaient d'être engagés à Breteuil n'était pas faite pour encourager de braves gens qui voulaient bien se défendre, mais qui hésitaient à se faire tuer et piller inutilement.

Les Normands sont des esprits pratiques qui ne se grisent point de paroles et raisonnent avant d'agir ; ce qui peut aboutir à un résultat utile, ils l'entreprennent coûte que coûte ; l'aventure la plus périlleuse, ils la risquent, si, sur dix chances, ils en voient une bonne pour eux, mais ce n'est point dans leur pays qu'on s'arme en guerre pour combattre les moulins à vent ; ainsi est fait depuis des siècles leur caractère national.

Ce fut sans doute ce juste sentiment des circonstances qui empêcha mon conducteur d'aller plus loin que la Ferté-Vidame.

— Ce n'est pas la peine de risquer, dit-il, en réponse à mon insistance, les uhlans battent la campagne, vous avez plus de chance de passer à *pied* ; si ma voiture leur plaisait, ils nous arrêteraient pour la prendre et vous arriveriez encore moins vite.

A cent cinquante lieues du Rhin, en pleine France, je me retrouvais au milieu des Prussiens comme quelques jours auparavant sur la frontière.

Cependant jusqu'à Courtigis je ne rencontrai que quatre uhlans qui se promenaient aussi tranquillement que s'ils eussent été dans les plaines du Mein.

Venant de la Ferté, je devais pour arriver chez ma mère traverser notre village dans toute sa longueur et passer devant la petite maisonnette de mon ancien précepteur le père Chaufour. Mon intention n'était pas de m'arrêter chez lui; mais comme je longeais la haie de son jardinet, mon épagneul, que ma mère avait voulu garder, s'élança sur moi et me barra le passage en poussant des cris de joie. Pourquoi Black était-il chez le père Chaufour? Ma mère était-elle là? Alors je n'avais qu'à entrer pour l'embrasser; quelle bonne surprise de me voir quand elle me croyait au fond de l'Allemagne! Comme elle allait me sauter au cou!

J'entrai; mais je ne trouvai que le père Chaufour seul qui, en me voyant, leva les bras au ciel.

— Oui, c'est moi, je ne suis pas un revenant; maman est ici?

— Votre maman, malheureux enfant!

— Eh bien?

— Eh bien! oui... non... c'est-à-dire elle n'est pas là; non, elle n'est pas là.

— Mais Black?

— Oui, Black est ici.

— Alors?

Il vint à moi, et me prenant les mains :

— Voyons, mon enfant, il faut être calme; vous êtes un homme, un soldat.

Ce fut un coup bien rude, et dont je porterai toujours la blessure.

Puis, après les premiers moments d'anéantissement, je voulus tout savoir, en détail.

— Depuis que vous êtes parti, me dit le père Chaufour, la fièvre n'a pas quitté votre mère, on peut dire qu'elle vivait dans l'angoisse ; et, bien qu'elle fût une femme forte, une âme haute et vaillante, elle se laissait aller au pressentiment qu'elle ne vous reverrait pas. Je la grondais, pauvre fou que j'étais, ne sachant pas de quelle puissance mystérieuse est douée la maternité. Quand elle apprit votre captivité, une nouvelle inquiétude redoubla et activa sa fièvre. En même temps, elle avait d'autres soucis qui la fatiguaient beaucoup, car elle n'avait pas voulu arrêter la marche de la papeterie pour donner du travail aux ouvriers, et avec le bouleversement de l'invasion, c'était une terrible tâche que la sienne. Elle tomba malade, il y a précisément aujourd'hui quinze jours. Les Prussiens approchaient, et ils ne rencontraient pour les arrêter que quelques petites troupes de francs-tireurs qui tuaient quatre ou cinq uhlans et s'en allaient aussitôt à dix lieues en arrière, abandonnant sans scrupules les villages où l'on s'était battu, à la vengeance de nos ennemis. Le 8, nous avions eu l'affaire d'Ablis, où, après un échec, les Prussiens avaient brûlé le village; le 10, celle de Cherisy, où l'incendie avait encore vengé des pertes sérieuses; nous étions menacés de tous côtés, et nous les attendions d'un moment à l'autre. Un matin, nous voyons arriver une trentaine de francs-tireurs qui annoncent l'approche des Prussiens; ils s'embusquent dans le bois Robert, les surprennent, tuent dix ou douze hommes et enlèvent un troupeau de vaches. Le lendemain, comme toujours, les Prussiens reviennent en force; pour notre pauvre petit village ils mettent en mouvement trois escadrons de cavalerie deux régiments d'infanterie et de l'artillerie qu nous bombarde comme si nous étions une place forte La défense des francs-tireurs dura une heure et se concentra surtout au passage de la rivière, c'est-à-dire dans la papeterie et les environs. Cette pauvre Mme d'Arondel était au moment critique de sa fluxion de poitrine; il fallut qu'elle se levât et traversât tout le village pour venir se réfugier ici. Quand nous l'eûmes installée de notre mieux, j'allai à la papeterie pour tâcher de la protéger.

Mais elle était déjà brûlée ainsi que votre maison. Je revins ici où je trouvai votre pauvre maman bien mal. Le froid l'avait saisie dans la traversée du village ; une fièvre terrible s'était établie, elle ne la quitta que quelques heures avant la fin. Elle est morte, mon ami, en prononçant votre nom et en regardant votre portrait.

Le brave homme voulut ajouter des paroles de consolation, mais je ne les écoutais guère. En revenant du cimetière, je voulus voir ce qui restait de ma maison natale : la maison, les bâtiments de la papeterie, même le petit chalet que ma mère se réservait, tout était brûlé; il ne restait que des décombres, des murs noircis, des poutres carbonisées, des arbres de transmission, des volants en fer tordus et blanchis par la violence de l'incendie; je retrouvais là les habiles incendiaires de Bazeilles, c'était la même signature.

Le père Chaufour voulait me garder près de lui, mais dans ma douleur je n'avais qu'une idée, revoir Suzanne avant de rejoindre un régiment avec lequel je recommencerais la campagne; n'était-elle pas tout pour moi désormais? Si ma peine pouvait être adoucie, c'était par son regard. Si mes nerfs crispés pouvaient se détendre, c'était au contact de sa main.

On me trouva un cheval, et je partis pour la première station exploitée par nos chemins de fer. Comme le voyage me parut long, jusqu'à Tarbes!

Il était huit heures du soir lorsque j'arrivai. J'allai d'abord à mon appartement que j'avais conservé, et en me voyant, mon hôtesse poussa des cris de surprise : j'étais vivant, je revenais, quel bonheur! Toute la maison fut en révolution pour me recevoir; on m'alluma du feu dans toutes les cheminées, on me proposa du thé, du vin chaud, tout ce qui peut venir à l'idée d'une vieille fille ayant la religion du bien-être. Et en regardant cet empressement, j'eus une seconde de soulagement : si cette vieille fille me recevait ainsi, comment me recevrait Suzanne?

Je ne voulus pas que le domestique m'annonçât, et j'entrai dans le salon comme au temps où j'y venais passer toutes mes soirées : Suzanne était à une table de whist avec trois partenaires à cheveux blancs, madame Bordenave au coin de la cheminée avec Laurence et le notaire, celui que nous appelions « le notaire aux pieds. »

Ce fut Laurence qui la première me vit, ou tout au moins me reconnut.

— Monsieur d'Arondel!

Il y eut un moment de brouhaha : madame Bordenave m'embrassa ; mais Suzanne ne quitta point sa table et me tendit seulement la main ; il est vrai qu'elle serra la mienne avec une caresse rapide comme autrefois.

Madame Bordenave, Laurence, le notaire, les personnes qui me connaissaient, me pressèrent de questions ; je répondis en deux mots que je m'étais échappé, et qu'en arrivant à Courtigis j'avais eu le malheur de ne pas retrouver ma mère.

Le whist, interrompu, reprit.

— Nous avons les honneurs, dit Suzanne.

Et elle parut très-attentive à son jeu. Tout d'abord j'en fus surpris, car autrefois elle ne jouait jamais ; mais quand madame Bordenave m'eut dit qu'elle jouait maintenant tous les soirs avec ces trois vieux, j'eus un mouvement de douce joie. C'était pour échapper aux banales conversations des jeunes gens qu'elle s'était réfugiée dans les cartes, et ainsi rester fidèle à nos souvenirs.

On voulut me faire raconter mes aventures ; et comme je parlais de la bataille de Sedan, Suzanne m'interrompit :

— Vous savez, dit-elle, que je ne crois pas un mot de ce qu'on a eu l'infamie d'écrire sur l'empereur ; je sais de source certaine qu'il s'est conduit en héros.

— Héros dans la capitulation, je vous l'accorde, car jamais soldat n'a rendu son épée et sa personne avec un calme comparable au sien; mais héros dans la bataille, non!

— C'est parce qu'il ne s'est pas fait tuer que vous dites ça?

— C'était facile, je vous assure.

— Vous n'avez pas été tué, cependant!

— Non, mais mon cheval l'a été.

— Est-ce que vous accusez aussi le cheval de l'empereur d'avoir été lâche?

— Le cheval, non.

A onze heures le whist prit fin. On se leva. Suzanne enfin vint à moi.

— Quel malheur que vous ne soyez pas blessé, me dit-elle, j'ai organisé une ambulance, je vous soignerais; vous verriez mon costume. Je l'ai inventé, dessiné et exécuté; c'est à la fois élégant et sévère. Je vous le montrerai.

— Demain.

— Non, pas demain; je vais passer la journée chez M. le marquis d'Ayguelongue; mais après-demain.

J'étouffais. Le notaire sortit avec moi et m'accompagna.

— Depuis quand, dis-je, Mme Bordenave est-elle liée si intimement avec le marquis d'Ayguelongue?

— Ce n'est pas madame Bordenave, c'est mademoiselle Suzanne. Depuis la guerre, le marquis est venu habiter son château avec son fils, et Suzanne a décidé de se faire épouser par le comte.

— Vous parlez étrangement d'une personne que j'aime et j'estime.

— Je peux n'en pas parler du tout, si je vous blesse; mais puisque vous m'interrogez sur elle, il faut bien que je dise les choses telles qu'elles sont. M. le marquis d'Ayguelongue, vous le savez, porte un des plus beaux noms du parti légitimiste; si Henri V revient, il sera ministre ou grand dignitaire de la couronne. Suzanne a jugé que, dans ce cas, il serait agréable d'être comtesse d'Ayguelongue, et elle a tourné la tête au comte qui l'adore, et veut l'épouser. Séduire le fils n'était pas bien difficile, d'autant mieux qu'il est un peu bêta; mais il faut séduire le père, et c'est une autre affaire : un d'Ayguelongue aime une Bordenave si l'envie lui en prend; il ne l'épouse pas. Pour amener le marquis à donner son consentement à ce singulier mariage, il y a du travail, beaucoup de travail, qui doit être artistement conduit. Il est déjà commencé, et vous avez vu Suzanne à l'œuvre ce soir, sans vous en douter.

— Comment cela?

— Ses trois partenaires au whist sont ses complices : ce sont les amis et les conseils du marquis, ils doivent le circonvenir et peser sur lui. Elle les a gagnés, elle les a séduits, comme elle vous a séduit vous-même.

J'eus un moment de répulsion.

— Oui, j'entends, vous n'êtes pas un vieillard. Mais il y a des femmes qui n'ont pas le dégoût des vieillards ; Suzanne d'ailleurs a toujours eu des vieux autour d'elle, de ces vieux à fortes mâchoires et à tête de satyre dont le souffle déflore et dessèche tout ce qu'il atteint. Comprenez-vous maintenant l'accueil qu'elle vous a fait? Vous tombez comme un obus au beau milieu de ces arrangements. Et puis vous faisiez bien dans ses conversations, mort ou prisonnier. Combien de fois après Sedan nous a-t-elle dit : « Je suis triste ce soir, je pense à M. d'Arondel, pauvre garçon, il s'est fait tuer pour moi, par amour? » Car s'il y a des femmes qui ne veulent pas qu'on sache qu'elles ont été aimées, elle n'est pas de celles-là et elle tient beaucoup à faire connaître à tous les grandes passions qu'elle a inspirées : c'est de la gloire pour elle. Alors elle me poursuivait avec votre exemple : — Ce n'est pas vous, notaire, me disait-elle, qui vous feriez tuer? — Non, mais je mourrais peut-être pour vous, en vous tendant la plume pour signer votre contrat de mariage avec le comte d'Ayguelongue. — Ah ! quelle bonne figure vous aurez, je suis sûr qu'elle sera plus blanche que votre cravate.

Nous marchâmes ainsi côte à côte durant quelques minutes sans parler ; j'aurais voulu m'éloigner, une mauvaise curiosité me retenait.

— Ainsi, vous l'aimez ?

— Pour mon malheur ; et cependant je la connais et la juge. Depuis trois ans, j'ai suivi jour par jour ses caprices et ses coquetteries, et parce que j'ai été muet, elle croit que j'ai été aveugle. Je n'ai rien dit, mais chaque soir j'ai écrit ce que j'avais vu ; si j'étais écrivain, je pourrais, je vous l'assure, faire avec ces notes un livre curieux sur le cœur féminin. Venez chez moi et je vous montrerai ce qui vous concerne : tel jour Suzanne vous a pris la main, tel autre son pied gauche s'est posé sur le vôtre, tandis que son pied droit cherchait le mien. Je ne me fais pas d'illusion sur son compte, et cependant je l'aime à en mourir. Je lui cherche des excuses et j'en trouve de meilleures que celles qu'elle pourrait me donner elle-même, si jamais nous avions une explication. Ainsi dans cette coquetterie qui la fait chercher tous les hommages, les vôtres, les miens, ceux des plus infimes, il y a une sorte de naïveté féroce : elle ne voit pas les chagrins qu'elle nous cause, elle ne voit que les joies qu'elle nous donne; elle ne se dit pas : « Sont-ils assez malheureux ! » mais elle se dit : « Suis-je assez bonne pour eux ! »

Nous étions arrivés à ma porte; le notaire eût volontiers monté avec moi, mais je le quittai dans la rue; ces paroles, que je sentais trop vraies, me faisaient horreur.

Toute la nuit je marchai dans ma chambre. Ah! c'était bien fini, bien fini. Ma mère, Suzanne! J'étais seul. Le matin, je m'endormis appuyé sur ma table, la tête entre les mains.

Quand je sortis de ce sommeil, plus douloureux que la veille, il était tard. Que faire, où aller? Rien ne me retenait plus à Tarbes; rien que ce petit appartement où se trouvait tout ce qui me restait : un portrait de ma mère, que je n'osais regarder, des livres et quelques objets qui étaient des souvenirs.

Je restai longtemps à les manier, les tournant, les retournant; ouvrant un livre, le fermant, en ouvrant un autre, cherchant ce qui avait été, m'efforçant d'échapper au présent.

On frappa à ma porte : c'était Suzanne sans doute qui m'envoyait chercher. C'était ma propriétaire qui m'apportait un papier. Ce papier venait de la 4e subdivision de la 13e division militaire; il m'enjoignait de me rendre à Rennes pour y être incorporé dans un régiment de marche en formation.

J'allai à la place, curieux de savoir comment on connaissait déjà mon arrivée à Tarbes. J'y trouvai un ami d'autrefois, qui m'apprit que c'était par le capitaine Lautour qu'on avait su ma présence à Tarbes, et que c'était lui qui m'avait fait expédier à Rennes. Ce capitaine Lautour, habitué de la maison Bordenave, était un des amis de Suzanne.

Ainsi, après avoir fait de moi un des volontaires de l'empire, elle me faisait maintenant un des sol dats de la défense nationale.

Il n'y avait qu'à obéir ou à me venger.

Je partis pour Rennes : la guerre finie, il sera temps de revenir à Suzanne.

Pour le moment j'avais mieux à faire : la patrie était en danger, et pour la première fois sa voix me résonnait dans le cœur.

Je m'étais battu par hasard, pour le plaisir; j'allais me battre pour le devoir.

Il ne s'agissait plus d'aller parader à Berlin, il fallait défendre le pays et l'honneur [1].

FIN DE SUZANNE.

1. L'épisode qui suit et termine *les Souvenirs d'un Blessé*, a pour titre : *Miss Clifton*.

# NOTICE SUR SUZANNE

C'est à Tours pendant que le gouvernement de la Défense nationale y résidait ; c'est à l'armée de la Loire pendant la campagne de Coulmiers, à celle de l'Est dans sa retraite sur la frontière suisse que ce roman est né ; et c'est à la gare de Perrache, puis dans un voyage en chemin de fer, que la première idée m'en est venue.

Le tableau lamentable que présentait cette gare à la fin d'octobre 1870 se trouve dans la seconde partie de ce récit (*Miss Clifton*, p. 14) où j'ai dit l'émotion qu'on ressentait à la vue des blessés qui l'encombraient. C'étaient ceux des premières batailles, qui partis du village solides et vaillants y revenaient, à la sortie des ambulances, estropiés et misérables. En wagon je voyageai avec un de ces blessés, un lieutenant amputé du bras gauche : avant l'entrée en campagne son mariage était fixé ; maintenant il rentrait dans sa famille, portant, réunis dans sa poche, sa bague de fiançailles et la balle qui lui avait brisé le bras : la jeune fille qui l'avait aimé, voudrait-elle d'un invalide de vingt-huit ans ?

— Et la gloire !

— Y a-t-il de la gloire pour un vaincu !

De tous mes romans, c'est celui-là que j'ai gardé le moins longtemps en préparation, puisque je l'écrivis en 1871 et qu'il commença à paraître dans le *Temps* au mois de novembre de cette même année.

Me suis-je trop pressé ? On l'a dit, et particulièrement Zola dans un article qui sera reproduit à la fin de ces *Souvenirs*, article d'autant plus intéressant qu'il date de Mai 1872, et que Zola à son tour, après vingt années, publie en ce moment même « la triste épopée de nos désastres » ; il faut, dit-il, « un certain recul pour voir nettement les événements et il faut qu'un apaisement se fasse dans l'intelligence. »

J'aurais bien voulu le recul ; l'apaisement je ne le voulais pas, et c'est quand j'avais des officiers prussiens logés dans ma maison, c'est en les voyant tourner autour de mon cabinet de travail et me regarder curieusement par ma fenêtre ouverte, c'est sous leur œil espionneur, c'est en entendant leurs fortes bottes écraser le gravier de mon jardin, que j'ai écrit ce roman.

De là ses défauts sans doute, mais aussi sa qualité, si j'ai su la lui donner, l'émotion du vu, de l'entendu, du ressenti. L'historien met en œuvre des documents imprimés ; le romancier écrit sur le document vivant. Où seraient les miens si j'avais attendu ? Pour ne prendre qu'un épisode parmi ceux qui composent ces souvenirs : le combat et l'incendie d'Etrépagny, ne devait-il pas être écrit sous la dictée même de ceux qui en avaient été les témoins ou les victimes, avec leur effarement, leur émoi, leur indignation, le tremblement qui était resté chez plusieurs. Et il fallait se hâter, car ceux qui ont le plus souffert des horreurs de ce sac ne lui ont pas survécu longtemps : le vieux juge de paix qui se traînait à genoux pour qu'on le laissât emporter de la maison qu'on allait incendier, sa femme paralysée ; l'adjoint qui pour n'avoir pas fait préparer un dîner assez fin et assez copieux pour messieurs les Saxons mourait quelques mois après des coups dont ils l'avaient assommé ; et aussi plus d'un des otages qu'on fit le simulacre de fusiller.

Si j'avais attendu, j'aurais pu, il est vrai, mettre dans mon roman ce qui est dans l'histoire ; j'ai préféré essayer que pour une part si faible qu'elle fût, on mît dans l'histoire un peu de mon roman.

C'est pourquoi, au lieu de le remanier comme je l'ai fait pour beaucoup d'autres, je le publie tel qu'il a été écrit, avec la fumée des batailles, dont le nuage non encore dissipé à ce moment a pu obscurcir plus d'un endroit, mais aussi avec l'odeur de la poudre, avec le bruit du canon encore vibrant en moi. Est-ce qu'aujourd'hui je retrouverais aussi poignante l'émotion qui m'étreignait quand dans les gorges du Jura blanches de neiges, j'écoutais les détonations des grosses pièces du fort de Joux, — les dernières de la guerre.

Et à ce propos je veux ajouter un mot pour ceux, s'il s'en trouve, qui auraient la curiosité de comparer le texte de cette édition à celui du journal, et dire comment l'un est plus complet que l'autre. Le *Temps*, où paraissait le roman, avait alors Neffizer pour directeur ; tous ceux qui l'ont connu savent quelles étaient ses éminentes qualités de journaliste ; mais vingt années de journalisme pratiqué sous l'Empire lui avaient donné des habitudes de prudence qui n'avaient jamais été les miennes, et qui lui firent demander quelques changements dans le chapitre du gouvernement de Tours. Comme mon roman était écrit pour dire ce que j'avais vu ou entendu, et aussi ce que je croyais vrai ou juste, je défendis mon texte. Pendant quinze jours, nous restâmes en face l'un de l'autre et le journal n'eut pas de feuilleton, malgré l'intervention amicale d'Hébrard qui me disait : « Mais Gambetta sera un jour le chef du gouvernement » ; à quoi je répondais : « Ça m'est bien égal. » A la fin, il fut décidé qu'on couperait ce que je ne voulais pas changer, et je m'empressais de rétablir dans le volume ce que le journal avait supprimé.

Mais le curieux est que, si je récrivais aujourd'hui mon roman, je supprimerais moi-même, je le crois bien, ce que je mis alors tant d'obstination à défendre.

H. M.

ÉMILE COLIN — IMPRIMERIE DE LAGNY